Silent Agreements

沉默契約

解開那些埋藏在我們人際關係中的「無聲地雷」！

琳達 D. 安德森 博士｜索妮雅 R. 班克斯 博士｜蜜雪兒 L. 歐文斯 博士—著
陳芙陽—譯

關於作者

琳達 D・安德森博士 Linda D. Anderson, Ph.D.

臨床心理學家、人生教練、治療師。美國波士頓大學畢業，擁有西班牙文和心理學雙學位，隨後在哥倫比亞大學取得臨床心理學博士。她在貝斯以色列醫學中心的兒童青少年精神科擔任心理諮詢師，並且曾在哥倫比亞大學教育學院和西蒙岩石大學的巴德學院任教。目前是紐約市立大學體系的Hostos社區學院教授，同時也是道爾頓學校的諮商心理學家。

她擁有激勵和啟發他人的獨特能力，以靈活柔軟的態度和合作精神獲得眾多成果。她的研究調查著重在女性權力認知以及其易於遭到強迫的性經驗，這使她可以從同情和鼓舞的角度提供諮商。寫作主題則包括自殺心理學和文化多樣性、職場沉默契約、女性面對的挑戰、工作和生活的均衡等等，她也經常在電視節目上亮相。

索妮雅 R·班克斯博士 Sonia R. Banks, Ph.D.

臨床心理學家和行為健康策略師。美國衛斯理學院心理學學士，喬治華盛頓大學博士，並在紐約的社會研究新學院取得人力資源管理碩士學位。

班克斯博士擅長個人真正力量的課題，以及以質性研究為基礎的行為干預課程設計。她運用行為遊戲治療，讓人了解「可能的自我」，進而改變態度，她並以開創性的跨學科方法進行關係諮商和輔導。

她曾多次接受《本質》雜誌專訪，並為美國公共衛生學報撰文。她也擔任網路節目關係衝突案例診斷的精神治療師，並多次參加NBC、ABC電視臺和考克斯電臺的節目。她目前致力於提升生命品質，提供諮詢、輔導和鼓舞團隊忠誠，啟發了從公司主管、老闆到夫妻、家人等無數人士。

蜜雪兒 L・歐文斯博士 Michele L. Owens, Ph.D.

臨床心理學家和精神治療師。美國凱斯西儲大學社會心理學學士，艾德菲大學鄧納學院高等心理學博士。

歐文斯博士一向熱衷女性、伴侶和家庭的關係發展議題，並致力於改善青少年及年輕人的心理健康。為此，她針對促進溝通、發掘沉默契約和開發穩定的健全關係等問題，組織了各種討論小組。她治療過無數青少年，同時研發課程來協助他們及其家人共同度過人生的關鍵期。她對於文化和傳統如何支持和增強心理健康也有著獨到的見解，並為此創立了整合課程。

歐文斯博士為哥倫比亞大學、紐約城市學院、霍夫斯特拉大學以及愛因斯坦醫學院等多家學校機構提供臨床專業諮詢，她也經常出現在各種媒體節目上，文章則見於《非裔美國女性心理治療》和《黑人男孩和青少年的心理學》等得獎書籍中。

目前歐文斯博士在紐約市開業，指導新進臨床治療師，並且是「Prep for Prep」青少年教育計畫的資深心理學家。

本書獻給我們的父母、親朋好友、同事和案例當事人，
這一路上給予我們的支持、挑戰和深信不移。
他們和我們一樣，也學會去愛生命中的沉默契約。

獻給我們的首要啓發者小卡文・里德，
在這趟旅程最一開始，就相信我們，給予堅定的支持。

蜜雪兒

獻給比爾和馬可斯，爲我帶來陽光，
我們之間的沉默契約只有愛。

琳達

獻給我的心靈和人生伴侶薩林，
以及我摯愛的家庭團隊喬登和奈倫，
我們共享驕傲和歡樂。

索妮雅

獻給奧莉維亞和約翰，
給予每一天坦承沉默契約的言教和身教。

在說了卻無意，和有意卻未說之間，
大部分的愛消逝了。

—— 哈里利・紀伯倫

·Contents·

序言

沉默契約是什麼，又是怎樣影響我們的人際關係

戀情的展開方式往往就像浪漫喜劇的第一幕：兩人相遇，哦，我的天！我們喜歡同樣的音樂！我們**兩人都**想要嘗試滑翔翼？等等，你**也**對貓咪過敏？這是關乎吸引力、連結，還有，對，荷爾蒙。剛開始，大家都跟電影明星一樣迷人有魅力。然後，現實悄然接近，溫暖可口的光澤逐漸退去。結果發現，他真的很不愛替你拉著門，也不喜歡現場音樂。還有，真是大驚喜！她討厭網球，而且不同意你說的每件事，那現在怎麼辦？

而當你開始新工作時，情況又是怎樣？起初，你懷抱大志，要努力工作，匠心獨具地為公司引進好點子，要做到超越職責需求。過不了多久，他們就會衝進你的辦公室，給你大大加薪升職，對吧？然後，你了解到老闆脾氣不好，你需要花很多時間去安撫他；他漠視表現最佳的員工，只提拔自己喜歡的手下；你盡力成為最佳的團隊成員，但其實你真正想要的是更大的挑戰、更大的

辦公室，以及賺更多的錢。你開始納悶：「我怎麼會**進入**這個職務？我要怎麼擺脫它？」在這兩個場景中，沉默契約都發揮了作用。

沉默契約是什麼？

沉默契約就是你的人際關係中，未說出口的「規則」，來自於你不明說卻要責求他人的假設、期望和信念，它們會出現在各種人際關係中，隨著閱讀本書，你可能會發現自己參與了好幾種沉默契約，有些可能已經就定位很長一段時間。最早期的關係對於許多行為、決定，以及有意識和無意識的動機，產生極大的影響，所以你將在這本書中，發現到童年經驗也影響了你參與沉默契約。

沉默契約聽起來會像是這樣：「他的媽媽有權批評我的廚藝，但我不應該回嘴。」、「老闆沒幫我升職，他知道我不會要求。」、「我的女兒成績變好，所以我就不用管她的功課了。」這樣的默認可能會永久持續下去，而且由於恐懼、愧疚、義務感或厭惡衝突，這之間往往沒有經過討論。有時候，它們持續是因為有益而且管用，但更常見的情況是，它們對你的人際關係是一種妨礙，而不是幫助。

因為你沒有大聲說出你的默認，人際關係就可能產生混亂。你相信別人了解沉默契約的條款，想法跟你完全一致。試想，你說過多少次這樣的話：「他應該早就知道了呀」或「為什麼我非得要跟她說那件事？」對於未說出口的事，你可能有一套想法，然而別人卻可能有完全不同的看法。

當你對別人做出沉默契約，你的做法就好像大家對於這段關係有怎樣的期望，由誰來實踐期望，他們又「應該」怎樣來實行，都已經達成共識。有時候，即使你從未談論過自己的信念、期望和假設，這一切卻仍得到滿足，此時沉默契約可以和你的人際關係手牽手，愉快向前行。但是，更常見的是，你根本無法符合這樣的期望。有時候，雙方都察覺到對方的期望，卻不打算說出來。如果你繼續默不作聲，這些抱持的期望就將發展成為誤解、失望和戲劇化事件，這是因為你評估和回應關係，是根據對方在彼此不相符的沉默契約中，所表現出的配合程度。你覺得如果把問題搬上檯面會失去太多，所以往往盡量避免談論沉默契約，在這些情況下，因為擔心破壞關係，你便保持沉默，你甚至可能沒有察覺到自己的沉默契約，以及使得它逐漸滋長壯大，卻沒明說的信念和期望。如此一來，你便在沒有完全意識到的情況下，不知不覺同意他人某件事。

這些信念和期望是怎麼產生的呢？經常是來自你自己：「對於不符合標準的情人，我絕不將就。」、「我願意為子女犧牲一切。」、「事業優先。」這些內心的沉默契約會一直告訴你怎麼展開關係，要對別人抱持怎樣的期望；而且還會暗示你期望他人採取怎樣的沉默契約，以支持你對自己的沉默契約。更重要的是，它們往往會提供你如何行走人生道路的地圖，影響你做的決定、你接受或拒絕的工作，以及你建立的友誼和創造的家庭。

如果你辨識不出自己是誰、什麼對自己最重要，以及為什麼重要等期望、假設和信念，你和自身的關係就會受到約束。不了解對自身所抱持的信念，就更難以揭露你和他人所進行的沉默契約。沒有這樣的認知，你假設別人已經看過你的人際關係規則手冊，並且同意遵守。因此，你會發現自己質疑其他人的行為，你會納悶：「他到底在想什麼？」，而其實你更應該自問：「**我**到底在想什麼？」

例如說，假設你剛找了一間新公寓，想和兩個朋友合租，你開始盤算大家要怎麼分擔房租，你選定的房間擁有可以使用的壁爐，還有景觀，而且是三間房間中最大的。室友認為你應該分擔比較多的租金，你卻不同意，因此引發劇烈爭執，幾乎讓合租成員破裂。後來，其中一個朋友問你：「為壁爐和較大的房間多付一些錢，你到底覺得哪裡不公平？我猜你也看得出來這樣才公平，只是口頭上就是不想輸。」這觸及了痛點，因為對方說得沒錯，你的確理解他們的想法，但你為什麼不肯讓步呢？這會不會是因為長久以來，你和自己的沉默契約（絕對沒有人可以佔我便宜）使得協商變得複雜了呢？如果你還沒承認心中有這樣的默認在，未來在你的人生中，你將經歷更多這樣的狀況，你可能誤以為這只是單純的意見不同，但稍稍追根究柢，你會發現你和自己的沉默契約是怎麼出現在你和別人的互動之中。

審視若干心理學理論，可能有助於你釐清沉默契約是怎麼呈現的，你的兒時經歷，會隨著長大成人而不斷強化堆積。對我們許多人來說，這始於一種對父母的印象所發展出來的感受，進而影響我們看待世界並與其互動的方式。如果人生的最早期階段，父母以關愛的方式回應你，傳達到你身上的會是肯定、贊同和接受，你就會認為自己有價值，本身很珍貴。日後，你很可能會以一種健全的自我感覺，並且和他人積極互動來表達出這一點。而另一方面，如果你內化的是嚴厲、非難、分離和拒絕，你很可能會對自己發展出較為負面的感覺，並且憂慮該對他人抱持怎樣的期望。通常你內化的事物，是來自生命中重要人士的一種矛盾的行為結合，舉例來說，一個人可能對你關愛，卻又同時過度挑剔。這種反差讓你混亂，難以整理出對實際自我的感覺以及對別人的期待。你可能會產生自己被愛，卻不是真的被接受的想法。

有些心理學家提出，若在自我觀念的強化過程中，並未受到早期照顧者的贊同和回應，你可能會發展出一種「假我」，希望能夠得到更加肯定的回應。[1]某種程度上，當孩童開始適應群體，讓行為符合可接受的互動準則時，行為發生變化相當正常。然而，在極端的形式中，這樣的發展可能意味個體被剷除自身的本質面貌，終其一生都過著未表達真實自己的生活。

了解沉默契約時，之所以要提到這些特定理論，是因為克制自己真實的希

1. 溫尼考特（D. W. Winnicott）「以真我和假我呈現的自我歪曲」章節，出自《Maturational Processes and the Facilitating Environment: Studies in the Theory of Emotional Development》，New York: International Universities Press, 1965, p.140-52。

望、信念和期望，並且內化他人的期望，正是自我產生沉默契約的所在。有時候，它們之所以形成，是因為需要持續表現出從早期人生開始發展的假我。當你被導向認定真我並不恰當或沒有價值，就可能發生這種事。例如，假設你和自己的沉默契約是，你對於「個人獨立」方面絕不讓步。這樣的默認事實上可能反映出真我所渴望事物的**對立面**，你真正渴望的是去依靠真正愛你的人。但要是最早期的經歷讓你覺得倚賴他人可能會被拒絕，或不被認可，你可能發展出一種對於絕對獨立的堅持，以保護自己免於失望，不會被真正想要依賴的人拒絕。

當兩個人把內化的早期不同經歷遺留物，帶進成年後的交往關係中，可以想見雙方對於如何互動和理解對方行為，很可能意見相左。這些殘存經歷促使你形成和自己的沉默契約，又進而成為和別人沉默契約的一部分，從而固化了你早期發展中經歷和互動所受到的衝擊。

同樣值得考量的理論還包括，人傾向接受多世代傳承的家族聯繫模式。這種「多世代傳遞歷程」[2]可能影響你發展出單獨自我感的能力，但也可能引導你如何和他人互動。有時候，父母可能脫離傳統的家族模式，對子女（直接或間接）傳遞出關於聯繫、情緒表達和回應的其他選項。如果你吸收了這些變化，可能發展出較為單獨的自我感，並從這些模式得到較多自主性，進而把這些不同遞交給子女，並且繼續傳承。當然，世世代代的家族成員對於家族慣例可能會經歷到不同程度的堅持，有些人可能會比其他人更加執著，傳遞模式也不會有太大改變。

比方說，如果你的家族傳遞著無論如何都應該保持婚姻的觀念，經過好幾世代，家族成員都遵從這個規則，而你的姪女坎卓拉被自由奔放的母親帶大，現在離婚了。許多家族成員的反應是不以為然，甚至是憤怒，把坎卓拉當作被逐出家門的異類。另一方面，坎卓拉卻因為拿出勇氣，做出符合自己需要的行為，而如釋重負。坎卓拉在成長過程中，見到媽媽做出個人決定，促使她可以不理會家族的需要，而考量自己的需求，做出自認對自己最好的行動。這個例子說明了世代家族傳統對於婚姻感和處理方式的長期影響，以及個人從傳統分辨出自我的能力。父母不是唯一的影響者；你、兄弟姐妹和父母可能受到已樹

2. Murray Bowen，《Family Therapy in Clinical Practice》，Northvale, NJ: Jason Aronson, 1985.

立多時的多世代家族體制影響，這表示支持的沉默契約可能也參與其中。然而，當家族成員區分出自我，沉默契約往往隨之碎裂，有時更造成家族衝突和紛爭。

隨著目前所處的人生階段[3]，有些沉默契約可能會顯得更有意義。例如，在二十多歲和三十多歲時，你會對於學業、職業、友誼和伴侶做出影響深遠的選擇。你的沉默契約可能充滿各種期望，像是人生**應該**怎麼展開、**應該**和誰成為伴侶，而伴侶和其他親密人士**應該**有怎樣的舉止表現。但是，到了後期，像是步入中年之後，你的需求、願望和期望可能已經改變。此時，你可能已經經歷過改變對自我和對他人期望的情況，舊時的沉默契約很可能不再適用。事實上，沉默契約可能妨礙了你的人生新目標，迫使你評估舊時契約，並加以改變。在這種情況下，你可能會產生一種並不全然了解，也不曾特意去檢視的不安情緒，它卻會推著你想要對人生做出一些改變。

到了人生後期，你可能會比較不受沉默契約拘束，你可能遇過非常直率表達意見的年長親戚，他們會說出想法，毫不客氣地評論家族談話。有時候，這是因為他們所在的人生階段已不再那麼在乎別人對自己的期望，不管是無聲或明確的期望都不在意。擺脫自身的沉默契約之後，他們可以更坦率地發言，用不著因為恐懼而苛求自身言論。

人們如何和為何做出目前行動的各種理論，讓我們了解何謂沉默契約，以及它們是如何產生，又是如何在我們的人生中展現。記住這些觀念，這將有助於你了解自身沉默契約的根源和影響。

隨著深入本書，你將看到如何展開有效的「消除隔閡」對話，進而擁有較為健康的人際關係選擇，書中所提供的工具十分有用，如果你曾經出現以下狀況：

- 不再努力解決事情，因為就是不想管了。
- 為了追求更高調的工作，不斷放過其他機會。
- 注意到在個人所有的關係中，有反覆出現的問題。
- 曾經被你自以為真正了解的人背叛。
- 有過和好友逐漸疏遠的經驗。

3. Robert Kegan，《The Evolving Self: Problem and Process in Human Development》，Cambridge, MA: Harvard University Press, 1982.

- 認為和兄弟姐妹之間的問題無法克服。
- 避開正面衝突，不管付出多大代價。
- 維持著麻煩的交往關係，以避免孤單。
- 為了升遷，掩飾真正的自我。
- 不願讓人傷心，所以和對方結婚。
- 明知該對孩子說不，卻說好。

如果你像大部分的人，這些問題（還有更多）會是你忽視或不去談論以避開衝突的地雷。我們很少有人會期待衝突，只是避免衝突不見得一定會帶來和平。就某些情況來說，這樣的閃躲甚至會造成危害。當出於恐懼而保持沉默，你只是延後必然發生的事，就好像不去理會星星之火，如果及早出手可以輕易把它撲滅，但如果久久不去理睬，就需要出動整支消防隊了。更糟的是，在每一段關係中，你可能都容許眾多的沉默契約任意滋長，最後導致森林大火。而當你想要避免的是內心衝突，那火勢還會蔓延下去。

在我們探究沉默契約可能會以怎樣的方式出現在生活時，你可能會在這些故事中見到自己，你將會見到孩童時期的關鍵經歷、內化來自家人和他人的訊息，以及成年發展過程所面對的各種挑戰，是如何影響了你所創造的沉默契約。本書隨後章節所列出的故事和訓練，將協助你辨識出你和自己，以及你和他人的沉默契約。如此一來，你就能找到處理的策略，如果願意，再加以修正。

第一章

沉默契約從何而來？

我們即將呈現沉默契約一步步形成的過程，讓讀者了解事情是怎麼從個人觀念發端。以下藉由莎拉的故事，說明一切是怎麼開始。思索莎拉被導向沉默契約的同時，你可能也會在這些場景中見到自己。她的故事讓你知道沉默契約是怎麼開始、怎麼茁壯，並且在整個人生中不斷重現。一旦了解它們從何而來，你就會得到更好的位置，選擇一條新的道路。

開始：莎拉對自己的沉默契約

想像你是一個叫做莎拉的四歲小女孩，此時，鄰居黛安來敲門，想找媽媽閒話家常。媽媽正為家事忙得不可開交，她從門上窺視孔看到是黛安，低聲嘀咕說著：「該死，怎麼偏偏是今天？我有好多事要做。」不過，她還是開了門，笑咪咪歡迎黛安進屋。當黛安跟你打招呼，你跟她說：「你應該回家，媽媽說她沒空跟你聊天。」

媽媽尷尬萬分，對你大叫說不可以這麼說。她不斷向黛安道歉，說你整個早上都在鬧脾氣。接著，她對你說，你太沒禮貌，所以必須坐在角落，直到她允許才可以離開。你很困惑，開始大哭，你想抓住媽媽不放，但她還是把你帶到角落的椅子，你坐在那裡默默流淚。媽媽說得很明白，除非你和黛安道歉，不然就得一直坐在這裡。

強烈的兒時回憶

這對你是一個非常強烈的經驗，如果就此沒再目睹像這樣的其他虛假情景，這個記憶可能會逐漸褪去，不會對你誠實和坦率的觀念造成太大衝擊。但是，你在幼年和青少年時期，卻不斷看到媽媽仿照同樣的行為模式。她會抱怨，有時甚至會哀號說不堪負荷。但當她和造成這些情緒的人面對面，卻見到她轉變成為壓抑所有情緒、配合所有要求的一個順從淑女。或許，她認為讓別人知道她覺得勞累，或就是想要獨處，是非常無禮、惡劣、令人不舒服和麻木無情的事。但是，她的行動教導你的卻是，跟熟人、親戚和好友相處時，誠實通常是個壞選擇。

這些反覆發生的插曲成了你處理人際關係的種子，並且構成對你自己和他人的沉默契約。日後你會很難拒絕他人，因為擔心這樣做會導致自己被人拒絕或讓自己丟臉。你從媽媽身上學到，不想要別人陪伴時，不該老實說出來。打著禮貌的名義，她塑造出虛假的行為，並且因為你說實話而處罰你。這讓你出現一種強烈的羞愧感，同時又覺得自己只是想幫忙，卻被媽媽拋棄。

你學會的最大教訓是什麼？就是告訴別人自己**真正的**感覺是不對的，此外，或許更重大的是，你學到如果有人想從你那裡得到你真的不想給的東西，自己的真實感覺並不重要。

到了青少年時期，目睹這些場景時，你會挺身質疑媽媽的誠信，有時甚至會斥責她，她卻會反駁你的批評。她會解釋，即使自己再忙再累、跟其他人不和，她還是看不出有什麼必要非得去拒絕別人，讓別人感到被排斥或自覺多餘。她解釋說，別人沒惡意，只是有時需要她幫忙，她實在無法拒絕人家的好意。這種「禮貌」的影響可能會非常驚人，例如說，媽媽在這種思維下，和一個顯然不適合她的男人維持了十五年的關係，你極度挫折地看著她不斷對抗自己想離開他的欲望，看她辯解說「他真的是一個好人」。你誓言自己絕對不要變成受氣包，委屈自己配合別人的需要，忽略自己的需求。只是，你當時不可能知道，要信守這樣的諾言，對你而言會是多麼困難的一件事。

從感覺到沉默契約：存在於我們所有人之中的莎拉

莎拉的情況就是那種讓我們跟自己以及跟他人進入沉默契約的早期經驗，情形是這樣開始：嬰兒時期，你通常會對周遭世界表達真正的情緒和反應，而隨著成長，你的表達本領也跟著擴展。到了幼兒或學步兒時期，你可能在玩膩玩具後，會扔掉它；或是因為大人不斷把你要的東西轉移到你拿不到的地方，而拍開對方的手，最後你終於學會用語言表達你真正的感受。而人生的道路上，爸媽、家人和在外在世界所遇上的無數人們，都教導你用社會認可的方式來表達自己。

這個例子中，小莎拉因為讓鄰居知道媽媽真的不想她來訪而被罵，媽媽想要表明，女兒的直言不諱不會得到獎勵，而接著，莎拉目睹到矛盾的後續情景：媽媽雖然十分氣惱，卻還是邀請鄰居進來家裡。莎拉學到，你或許希望別人不要來打擾，卻不應該告訴他們，而且媽媽從來沒有不同的提議。莎拉也學到，如果在這樣的情況說實話，有人會覺得尷尬（以她的年紀來說，感覺可能比較像是純粹的丟臉），甚至可能是生氣。她同時學到，這種狀況的其他人（這個例子是她的鄰居），可能也參了一腳。畢竟，黛安聽到莎拉說媽媽希望她回家，卻還是留下來。指責莎拉，讓大家可以掩飾一切，但是，其中卻出現一個問題。簡單來說，莎拉學到，如果表達自己的感受可能會造成困擾，那就不要表達。

那麼，接下來會發生什麼事？我們通常會閉嘴，推開自己的感覺。有時候，我們知道自己有感覺，卻刻意選擇不表現出來。有時候，我們把感覺推得太遠、太久，而不知道自己的感覺，或無法清楚確定自己的感覺是否仍舊存在。

這種壓抑會出現一個大問題，感覺雖然像是已經好好埋藏在深處，卻還是會經由行為表現出來，因為對於自己是否該說出感受心生懷疑和恐懼，我們會以沉默契約的形式，和自己妥協。我們現在相信，如果大聲表達這樣的感覺，會造成麻煩，所以我們和自己、和別人達成協議，保持沉默好讓生活輕鬆一點。

可以感覺，但別顯露出來！

不過，你和自己單獨做的交易，怎麼可以被視為是妥協呢？跟自我進行協議，就像兩部分的你參與其中。為了讓自己免於他人的怒氣、非難和拒絕，或單純只是想避免衝突的難堪場面，你區隔出一個克制真實感覺、想法和反應的自我層面，並且悄悄不讓坦率表達這些想法的自我層面，得知實情。莎拉的感覺原本跟直率表達的意願一致，最後卻學會把自己區分成兩個人格面具（persona），而就跟她一樣，你可能也感受到壓力，想要區分出自己的各種面貌。所以，為了同時擁有想表達的感覺，以及不洩露感受的渴求，你就必須發展出讓自己擁有感覺，卻又隱而不宣的一套系統，這種機制就是一種沉默契約。

人際關係中的沉默契約

沉默契約在人際關係上的作用，和上述相似，只是有更多層面。有時候，你會對內心真正的想法保持沉默，即使你的行為已揭穿一切。比如說，當你以就寢時頭痛的理由，表現出你對親密性事的恐懼，你的伴侶便經歷了你的真實感受。但是，他（默默）同意不去談論此事，因為他擔心如果兩人坦率處理這個問題，你缺乏性趣的真實原因，可能會嚴重到他可能再也無法跟你性愛。他也想避免關於性愛的不自在對話，因為他不想大聲披露自己對性事缺乏信心，所以也覺得女人令人膽怯。因此，他也期望你繼續協助他默默保守自己的顧慮和感覺。

有其母必有其女：沉默契約從青少年延續到成人時期

讓我們再次回到進入青春期的莎拉。隨著年紀增長，莎拉和男性的關係不幸地步上媽媽的後塵，儘管她誓言要反其道而行。莎拉和中學第一個男朋友交往幾個月後，決定自己還想和其他男孩約會，但她的男友真的是非常好的人，她在意對方的感受，所以發現很難和他分手。她沒有直接告訴男友自己的感覺，反倒愈來愈常因為小事對他發怒。莎拉重現了從媽媽身上學到同樣的沉默契約，而她的男友害羞靦腆，害怕自己無法找到像莎拉一樣特別的女朋友，所以也不願大聲說出想法而結束感情。兩人最後還是分手了，卻經歷各種示意、劇烈爭吵和溝通不良等好幾星期的傷感情日子——真是要歸功兩人互補的沉默契約。

到了二十一歲，莎拉長成一個活力充沛、勇於冒險，懷抱夢想和抱負的年輕女人，卻再次經歷同樣的循環。她結識了約翰，一個老實坦率的小鎮男人，被她視為安全的選擇。她私心認為，和他在一起，這樣自己的第一場成人戀情就不會有太大的風險和挑戰。約翰明知兩人合不來，卻還是和莎拉交往，因為他渴望著自己沒有勇氣創造的改變和刺激。莎拉有更多的渴求，因而厭倦了這段感情，但她還是依循過去的行為，因為擔心對方會生氣拒絕，便不敢告知自己的感覺，最後這段感情在爭吵之中結束。

莎拉缺乏工具，無法辨識並處理自己的沉默契約，以及和別人的沉默契約，所以這樣徒然無益的循環就一直持續到成年。她最後發現自己和狄恩開始交往，對方同樣是個好人，個性卻跟她截然不同，雙方雖然沒有多少共通性，他卻驗證了她的意見，是驗證她有權根據自我需求做出選擇的第一個男人，所以她和他結婚了。有一段時間，他的逆來順受使她比較容易忍受兩人的個性不合。

過了幾年，莎拉承認這段感情讓她鬱鬱寡歡，為了平息再度拒絕別人的焦慮，她說服自己，是自己太挑剔，而默默過著不快樂的婚姻生活。十五年後，莎拉總算擁有足夠的自信和自覺，了解到自己無法忍受維持這樣的婚姻，因此打破了她的默認——就跟四歲時一樣，如果她說實話，會導致憤怒、傷害和拒絕。她向狄恩要求離婚。

莎拉為什麼持續這樣的模式？

莎拉這種維持過久感情的模式，是在她大聲說出媽媽不說的事，而遭受嚴厲拒絕和傷害後的殘留物。說出真實感受的不安心理，成了她早期發展中的重大事件。在莎拉更小的時候，她可以明顯察覺到媽媽掙扎著想對別人坦承自身的願望，最後卻決定保持沉默時所表現出的肢體語言、情緒反應和動作。如同幼童常見的狀況，莎拉甚至還沒大到足以清晰表達，就已擁有察覺事情發生的能力。

後來，莎拉見到第一個（或是第二個、第三個）危險信號時，不會承認自己真正的感覺，轉身離去，而是學會用挑剔和生氣焦躁的情緒，展現出對交往關係的不愉快，希望對方可以結束感情，這樣她就不必自己喊停。最後兩人分手，是因為她的行為迫使她說出感覺，此時才打破沉默契約。

沉默契約：總歸一件事

兩人之間的沉默契約往往透露出雙方因為害怕分手，或是不想承認未曾觸及的內心情緒，而沒有完全分享彼此想法和感覺。由於默不作聲，你的行為和伴隨而來的想法、感覺和信念經常遭到誤解。你內化這樣的行事方式，是因為人生中有好多次在坦率表達情緒時，感受到風險，或得到讓你覺得焦慮、羞愧、內疚或沒有安全感的回應，所以你學會做出沉默契約。

我們如何辨識出自身的沉默契約？

如果出現以下情況，你的人生中可能有了沉默契約：

- 你一直在表面上前進——就只停留在表面上。
- **沒**說出口的事變得比清楚表達它的能力，更讓你在意。
- 你相信如果說出實話，會付出重大代價。
- 你相信說出自己的感覺比否認更痛苦。
- 你的交往關係是建立在有刻意**不去**提起的事物上。
- 你相信如果談論它，就會失去什麼，更重要的是，失去某人。

當發現自己就是不去談論真正困擾的事情時，你可能會發現自己也處於沉默契約之中。更常見的是，你覺得無力改變狀況，便努力不去理會它有多困擾你，改而投注精力來努力減輕或否認自己的感覺。在這種時候，我們告訴自己，保持沉默比較寧靜。有時候，我們是如此沒有察覺，所以即使談論事情時，有害的沉默契約還是不斷持續。

沉默契約的基本特徵

恐懼

有些沉默契約是受到恐懼而驅動，因為我們害怕解除沉默會讓別人認識到真實的自己。為什麼我們沒有勇氣在所愛的人面前表達真正的感覺？為什麼我們無法大聲說出對工作的抱負？為什麼我們要繼續扮演小妹妹或小弟弟的角色，儘管我們其實痛恨被當成小孩子？答案相當簡單：害怕別人會傷害我們，不再愛我們，甚至是離開我們。我們可能也害怕承認自己真正想要的東西，因為萬一永遠得不到呢？但是不說出希望和需求，不會讓它們就此離開，只會減少你得到真正想要的事的可能性。

轉移

出現不想面對的問題時，你可能會試著找尋不讓別人，甚至不讓自己發現的方法。在這些情況下，你會竭盡所能轉移注意力，隱藏問題。就本質來說，沉默契約就是會埋藏你的問題。

例如說，為了轉移注意力，不去思考自己和配偶漸行漸遠的事實，你可能會過度涉入孩子的生活。而配偶可能會默認參與，這樣他也可以轉移你不再愛他的恐懼。所以，顯然這個沉默契約不是關於孩子；它的出現只是為了讓你們雙方忽視彼此關係中的隱憂。這樣的轉移讓你佯裝轉移物（這個例子中是孩子）才是人生中需要你關注的事，卻把真正的問題拋諸腦後。

多層堆疊

沉默契約通常和多重的信念、感覺和期望相連結。同時處理沉默契約的所有層面，既困難又讓人害怕。因此，你可能會選擇只處理最上層。當你覺得自己只能處理部分的沉默契約，便傾向只解決這一部分，而否認其餘部分，或和它保持距離。

比方說，你或許認為丈夫出軌，但你們兩人都佯裝他只是和朋友在一起，你希望他遲早會厭倦第三者。其中的問題是，這也是沉默契約所環繞的事實，有人目睹你的丈夫流連在同性戀酒吧。但是你無法面對「另一個女人」可能其實是「另一個男人」的想法，這是你們兩人所保持的第二層沉默：他外遇對象其實是男人。而因為你還沒做好接受它的心理準備，你承認丈夫出軌，卻不承認他真正的出軌對象。你的丈夫十分掙扎自己的行為，無法忍受你得知他是同志之後可能出現的言語和行動。所以他藉由表示自己只是「和朋友出去」，而加入這個沉默契約。你們兩人寧可默認裝作他是在掩飾和其他女人廝混，因為他和男人上床的這件事複雜到無法處理。如果你解除沉默，可能會暴露出其他可能造成劇變的深層問題。

揭開沉默契約的所有層面並不容易，因為其中一方，也可能是雙方會被壓垮，無法確認受傷害的是什麼，以及到什麼程度。突然解除沉默，你可能會害怕揭露出毀壞你整個關係的問題。然而，一旦披露感覺和信念的基本事實，它們可能為真實可靠的關係，提供更為堅固的基石。

改變和轉變

沉默契約是流動的，隨著關係進入各個階段，沉默契約也隨之改變。例如，在你的家族中，你可能扮演順從的妹妹，和蠻橫的姐姐形成對比。剛開始，你們兩人可能都安於這樣的角色；姐姐自負滿足，掌控一切，而你變得有安全感，覺得被保護。

在隨後的人生中，你開始探索到自己的另一面，發現自己擁有商業天賦。你變得自信果斷，新創的宴席事業蒸蒸日上。你和姐姐之間的沉默契約產生變化，來容納你的新角色。姐姐變得以妹妹是事業女強人為傲，到處向朋友誇耀。這有一點讓人很難為情，但你默許她這麼做，因為你心存感激，也真的喜歡兩人之間這種新活力。隨後幾年，你們經常一起旅行，共享獨特（和豪華！）的經驗，默認不去思考彼此的貢獻。此時，妥協再度轉變——你現在感覺平等，並且充分享受彼此的陪伴。

對自我的沉默契約，則可能以另一種方式轉變。有時候，你可能會避免承認和家族及社群信念相牴觸的感覺。儘管內心拒絕這些根深柢固的信念，行為卻可能顯示你仍依附它們。這個行為會**轉變**你表現自我的方式；最後，你實際上可能過著真實自我的替代生活。好消息是，你可以學會注意、了解並且揭露自己的沉默契約，面對自己的恐懼，大聲說出真正的感覺，這就是為真實生活奠定基礎的一種轉變。

第二章

改變的四階段

針對你內在對自己的沉默契約，我們已討論過起源。現在，讓我們思索一下，你和配偶、老闆、親戚和朋友是否衝撞著不合拍的沉默契約，還是邁向協調的妥協呢？在這個章節中，我們為你的關係中，提供了核對沉默契約的方案。如果你致力探究每一點，這些步驟和敘述可以帶來真正改變人生的結果。記住，想轉變關係，用不著改造對方，可以從找出沉默契約加諸在你身上的條款和限制著手。

這個方法包括四要素，或說階段，它們讓你得以辨識自己的沉默契約，發現隱藏在底下的東西，這可能包括潛在的恐懼和欲望。這些要素提供一個展開過程的架構，而我們認為這四個要素全部需要解決，但著手的順序卻可能不同。著手處理你的沉默契約時，你可能已有既定價值觀，請在展開前先行確認，你對沉默契約的夥伴所使用的語言也需要改變。以下是改變你的沉默契約所需要經歷的四個階段——也就是你需要解決的四個要素。

第一個階段：使用移情、信任和尊敬的基本價值

不管彼此有多麼不同，信任和尊敬是所有健康人際關係的核心。著手這個過程時，尊重另一個人，同時信賴對方的善意，對此保有信心，就是一個良好的開始。認同彼此都是這項必須完成的事情的一部分，並且具有相等的推動力量，就可以創造出一種有效推展這過程的相互關係。你們是要來解決問題，所以誓言對這個任務發揮出最佳的自我。一旦了解到人際關係相互性的價值，你就更能夠辨識出你和自己所在意的事物發生問題的所在，才可以不帶評判和指責，更加敞開心胸齊心解決問題。這樣的認知有助你放鬆，並且找出自己在關係中想要追尋的東西。

如何進行

- 在一個不受打擾的私人環境，找到雙方合意的時間。

● 處理職場的沉默契約問題時，對話要守密。
● 避開辦公室流言，因為它會影響你找到及維持雙方合意的解決方案的能力。
● 探究親密關係的沉默契約時，很容易會想和其他人討論。為了保護處理過程，以及展現最大的尊重，盡力讓討論只限於你和涉及的對方之間。

儘管這些方法像是顯而易見，有時候匆匆急著想要處理眼前問題時，人們卻往往無法恪守方針。但是，為了讓所有行動工夫發揮真正成效，剛開始時，就要為盡可能完善的溝通，做好準備。這表示，必須透露自己的需求、希望和期望，並且敞開心胸面對另一方相同的需要。不斷嘮叨或堅持對方要以你的角度看事情（也就是想要證明自己沒錯），是不該出現在選單上的。

案例——家族中的沉默契約

你的小叔為了找尋新工作，移居到你們的城市，然後搬進你們的新家「暫住」。六個月後，他還是沒有工作，也沒有努力想要找到工作或搬走的跡象。你的另一半對此沒有任何表示，你不以為然。你想要回自己的家和隱私，指望老公去告訴他弟弟應該要搬走了。另一半雖然承認弟弟住得比預期久，卻不希望在弟弟還沒有確實的工作機會時，就要他離開。

一天晚上，當你一身疲憊回到家，想要好好放鬆休息時，卻見到小叔跟他新交往的女友坐在電視前，吃零食喝啤酒。小叔讓你怒火中燒，但你的心中更氣憤丈夫，因為他居然選擇小叔而不是你。該是好好談一談的時候了，這件事很重要，只有這樣，你和另一半才能聆聽彼此想法。

姻親的問題向來敏感，如果不小心處理，很有可能危及關係。因此，與其把丈夫叫到另一個房間，看著你開始爆發、大吵大鬧，下最後通牒，不如提議一個你和另一半可以好好談談這個狀況的時間。你可以晚餐後找他一起去散步、開車兜風，或是到餐廳喝杯咖啡。

遠離犯罪現場，讓你們兩人都可能比較平心靜氣討論。而且，離開屋子，你也用不著小心顧慮對話內容。

為什麼要這樣做？

訂下一個時間，讓你們兩人心理和情緒都能做好準備，以找出並且說出你們的沉默契約。如果在比較不會一時激動而爆發情緒時進行，就比較能專注問題。記住，你要找出的沉默契約，不只是影響這個狀況，同時也涉及兩人關係的其他面向。透露沮喪或怒氣都可以，只是，在開始對話之前，要做好讓溝通無礙的準備。

啓動對話

最好使用「顯示你們兩人需要**一起**解決問題」的說法，即使你的沉默契約基本上是針對自己，但也可以見到它是怎麼影響他人。以下這幾個例子，可以讓你好好表達你的顧慮：

- 我和你之間有了問題，我們兩人卻讓它持續下去，我希望我們可以一起解決這件事。
- 你知道我有多愛你、信任你、尊敬你和在乎你，我不希望我們裝作彼此之間的問題並不存在。
- 我需要離開一個週末，喘息片刻讓自己冷靜下來，這樣我才能專注於怎麼不帶內疚和指責，讓彼此好好討論找出解決之道。

● 我很擔心有一些我們還沒談到，卻可能會影響我們解決目前問題的事。我想知道，你是不是對此也有所顧慮。

● 談論這件事對我而言很不容易，但我們是一家人，我希望我們能協助彼此，說出需要說出來的事。

第二個階段：運用個人經歷和領悟

在此，你致力於了解先前和家人、社群及其他人的互動，是怎麼塑造你對自己的感覺，並且醞釀出潛伏在沉默契約底下的秘密。在這個階段：

● 你可以拋棄所有已不再適合你或不再讓你受用的舊規定、告誡及傳承的信念。

● 別讓腦海出現別人的「租界」，你做的選擇應該要屬於你自己，試著把發現到的過去自己，和現在的自己該如何回應，做出連結。

● 運用這個新訊息，來協助你可以在沉默契約上，出聲溝通。

如何進行

案例——家族中的沉默契約

讓我們再來看看你對不速之客的掙扎情況，你們兩人會想要檢視可能影響彼此互動的潛在信念和經驗。為了方便進行，我們發展出一套有用的方法（見第九章）。它包括一系列需要完成的問題和陳述，這有助於你發現妨礙了現在關係的舊時觀念和規定。例如，身為這個案例中的妻子，你可能會在這樣的訓練活動中，發現兒時經歷有被來訪親人取代的傷痛，激化了你對小叔延長借住的反應。你的丈夫也進行同樣的訓練，他可能會了解到自己為了在手足間扮演「負責任」的角色，卻影響到他該在什麼時間說出「適可而止」的判斷力。

爲什麼這樣做？

當你可以從另一半的角度看待這個狀況，並且把對方過去經歷的因式，加入目前的方程式時，就可以採取比較具有啟發、同情和支持的態度，對待彼此，並且感覺兩人更像是一體的。

第三個階段：重新架構或創造一個合適的新妥協

在這個階段，你已經準備就緒，可以考慮修正沉默契約。請仔細思考使得彼此關係最為不安的沉默契約。為了重新架構，你需要找出演變成如此妥協樣貌的隱藏問題。

如何進行

案例——家族中的沉默契約

想像一下，進行過我們的訓練，發現到過去的信念、假設和期望之後，你和配偶現在可以進行以下的對話：

你：我一直相信配偶和孩子的重要性應該優於其他人，但由於我的成長過程中**始終沒能**擁有這種感受，**我需要**這樣的關係。當我們同意讓你弟弟住在這裡時，**我認定**他會找工作，早在去年就會搬出去，**同時認定**你也有同樣的期望。當他未能做到，我期待你身為我的丈夫和他的哥哥，會要求他搬出去。**我**

一直靜待你採取行動，因為**我一直擔心**對你來說，比起我和孩子，你的家人才是更重要的。

他：我**從小就被培養出**「家人最重要」的信念，同時，我也**有責任**要確保家人安然無恙。我**一直期望**結婚後，這樣的動力也能包括我的大家庭。**我假設**你會了解這一點，但因為害怕你可能會強迫我在弟弟和你之間做出選擇，所以我**不想談論這件事**。**我不想**失去和你或和家人之間的親密聯繫，但這並不容易，因為我覺得自己對你們所有人都**有責任**。身為他的哥哥，**我期望**能提出解決之道，並且採取行動。我只是找不出進行的方法，因為一想到要求他離開的光景，就讓我**深感內疚**。

為什麼這樣做？

這樣的對話提供了一個窗口，以抒發隱藏在你們各自行為和觀點底下的期望。當兩人都思考過為何彼此的期望不相符後，就比較容易針對妥協進行不同的對話，比較可能重新建構妥協，反映出你們是一個有共同目標的團隊。真誠聆聽彼此透露的感覺和想法之後，你可能會比較確信自己是另一半的優先大事，而他可以不要再為周遭這麼多人，擔負這麼多責任。身為一個團隊，你們可以釐清此事，並且重新架構它做為你們**兩人**的課題，而不是像敵人一樣來處理它，這可能會需要不只一次的對話。

承認你在信念和對他人的假設所維持不變之處，可能成為找到真正阻礙的線索。然後，你可以決定在既存的妥協中，是否有值得保持的面向。

以下的問題有助於你做好進行這樣改變的所需準備，你對這些問題可以回答「是」嗎？

- 你可以轉換對現有沉默契約的看法？
- 你是否準備好藉由敘述只有自己了解的事，同時期望別人同步了解你的敘述，來脫離必須周而復始回應關係的苦惱之處？
- 你是否準備好以不責怪任何人，運用不會讓他人卻步的言詞和行為，來重新建構這樣的妥協？果真如此，你就已經做好準備，可以展開評定和重新架構的任務了。

記住，這是一種態度上有意識且特意的改變，以便把回應恐懼、表現需要，同時創造和別人新對話的方法，擴展到最大。在這個過程中，你必定會發現到新的感覺。

第四個階段：拿出勇氣和信念

在這個階段，你鼓起勇氣推開沉默和底下的恐懼，你準備好處理實際的狀況，並且以不帶羞愧、恐懼和內疚，在更深層次上和其他人維持關係。

如何進行

案例——家族中的沉默契約

現在，你已經比較清楚來龍去脈，了解沉默契約是如何在原本和諧的婚姻中造成麻煩。當決定在提起勇氣和信念的階段，展開這樣的對話時，你將仰賴多年打造出來的愛情和支持基石，承認你們兩人都非常珍視彼此的感情，而家人對你們兩人都很重要。

來到勇氣階段時，你可以：

- 相信直接面對沉默契約，將鞏固你們的關係。
- 認可坦白溝通是通往真正解決的途徑，儘管保持沉默或許像是比較自在。
- 了解不管是否談論沉默契約，它都會影響你們的關係，揭示沉默契約才有機會得到幸福。

為什麼這樣做？

信念和勇氣會支持你度過棘手的坦承和衝突時期，以你任何可行的方式來提升勇氣。

現在，你了解到解決沉默契約的基本原則，讓我們繼續深入挖掘易於促成沉默契約的不同狀況，探究如何自行辨識。

第三章

關於性愛的沉默契約

性生活透露了伴侶關係的許多事，不幸的是，性愛卻是伴侶之間最不常討論的話題。我們往往無法清楚表達想要的事，只是以各種方式表現出我們未說出口的假設、信念和期望。有個女人趁著伴侶熬夜看電視，早早上床，以避開性事。在另一段關係中，其中一方藉由外人或事物，像是沉迷色情書刊電影，以滿足個人的性需求。然而，又有一種關係是，性愛互相滿足，卻依然鮮少談論。

伴侶間的性生活是一個很容易導致沉默契約的競技場，因為我們大多無法自在坦率探索和揭露我們的性需求和性壓抑。而且，我們也多半不是完全了解自己是怎麼運用性愛來表達感情和欲望。不管人們是否察覺他們的需求或怎樣的程度可能會性慾不滿，沉默契約經常用來行使不滿。有時候，性愛成了一種習慣和例行公事。或許，臥房已成為懷念舊愛回憶的場所，這樣就用不著處理

「他再也無法勃起」或「她再也不吸引我」等不自在的現實。又或者，你在沉默中得以否認這個痛苦的事實，就是臥室成了你逃避現實中他失業、你是工作狂，或兩人已無話好說的最後避難所。更糟的是，熱情早已遠去多時，你甚至懶得爭辯。在這些場景下，沉默契約經常現身，如果還希望重燃慾火，就得好好加以處理。

如果你擁有滿足的性生活，也不要跳過本章。有很多因素可能改變性生活，像是疾病、伴侶死亡、荷爾蒙改變，或是外派赴任。即使你的性生活美好滿足，了解以性愛為依據的沉默契約，會隨著時日和環境改變造成怎樣的影響，也是非常重要的事。請捫心自問，你是否有隱瞞伴侶的事？如果有，你是否把自己的行為合理成「只是小事」或是「為了他好」？運用本章的策略，你將可以採取富有成效的深情方式，不怕提及這個話題。

由於性愛對不同人會有不同的意義，而且激烈情感通常表現在性伴侶之間，性生活成了期望和幻想，以及刺激沉默契約的天然居住地，西蒙妮和錢德勒就是這種情形。

泡沫中的愛情

西蒙妮和錢德勒

西蒙妮是個不快樂的年輕已婚職業婦女，她拋下結婚八年的丈夫，隻身前往加勒比海度假一星期，以消除忙碌工作的壓力。在旅行結束前幾天，她在泳池畔的酒吧結識了迷人又可愛的錢德勒。兩人像是天雷勾動地火，接下來的三天三夜，他們談天說笑、飲酒跳舞，享受美妙的性愛。透過充滿浪漫色彩的有色眼鏡，兩人的假期戀情像是完美無瑕。他們有如此多的共同興趣！又有相同的幽默感！彼此的性慾又是完美切合！這個新伴侶親切、充滿魅力、有趣又有耐性，而且令人興奮，讓我深深著迷！但是，回家的時間卻到了。

在飛機上，西蒙妮心中重溫了過去幾天的美好，思忖能否再次見到錢德勒。她知道自己只是經歷了人生中的性愛大冒險。而錢德勒身為一個具有忠誠及有決心的男人，深深感覺西蒙妮就是他的真命天女，他想要拯救她脫離疲累的生活和不快樂的婚姻，儘管事實上她從未有隻字片語說想要被拯救。他返回巴黎的家中，幻想兩人共度一生。錢德勒確信兩人是天生一對，所以決定盡快前往紐約市和西蒙妮團聚，也確信她見到他一定會非常興奮。

錢德勒來到紐約後，立刻打電話給西蒙妮。她驚恐不已，她可是個和配偶同住的已婚女性，況且這一天家中甚至還有人來過夜——她的婆婆！沒有經過她的同意就直接飛越海洋來見她，錢德勒到底在想什麼啊？錢德勒期望西蒙妮盡快離開她的婚姻，他以為她可以找藉口搪塞她丈夫，兩個愛侶就可以在昂貴的飯店共度週末。當然，這不是西蒙妮的選擇，儘管她同意和錢德勒共進午餐，卻無意和島嶼情人私奔。她仍在和丈夫「周旋」，需要專心一致。兩人午餐時，她努力讓錢德勒了解她不能和他私奔的原因，也擔心他無法忍受被她拒絕。要是他出現在她家呢？西蒙妮知道自己必須對他挑明直說：她不打算和他共度週末，也不會離開她的家庭，她非常害怕會被丈夫和家人發現，在午餐約會中，錢德勒和西蒙妮都極度緊繃和緊張。在城市燈光底下，戀情變得大不同。

探究其中的沉默契約

當西蒙妮和錢德勒相識，兩人對性愛有各自的假設，都建立了沉默契約。

這些未曾表達的希望和幻想在加勒比海陽光下，愉快翱翔並行，塑造了美妙的三日邂逅。**西蒙妮暗自下定決心，這只是一場露水戀情**，只是她沉溺在個人的逃避幻想之中，表現出可以接受追求的言行舉止。她一踏出飛機，就展現了獨立自由的氣息，這讓她想起自己既性感又強大。她的自由精神和永不滿足的慾望讓錢德勒深深著迷，他以為兩人之間顯而易見的化學反應表示，西蒙妮想要的跟他一樣。於是，他決定把討論未來的事延遲到旅行結束之後。**錢德勒有一個沉默契約，要在兩人短短的共處時間盡可能打造親密感，認定這會帶來現實世界中的長期關係。他的妥協有一部分在於不要和西蒙妮討論這些期望，因為不想冒著冷卻兩人加勒比海熱情的危險。**有時候，為了得到想要的東西，我們會默不作聲，即使這意味著不讓我們最想廝守的人知道實情。

這些各自的沉默契約導致彼此的期望出現極大的歧異，而兩人不去討論假期結束後應該怎樣的共同沉默契約，又讓幻想繼續存在。對西蒙妮和錢德勒來說，在假期中進入沉默契約是很容易的事；畢竟，他們立刻就互相吸引，擁有相似的價值觀，況且兩人同是作家，更增強了幻想。兩人都把自己和對方視為「可以接受追求」；但對錢德勒和他的長期想像來說，不幸的是，西蒙妮的焦點只在當下。當現實對上了幻想，幻想就破滅了。我們時常會暫且忘卻現實，以換得情緒上有時甚至是身體上的需求。但是，等我們因為事實而午夜夢醒，那又該如何呢？

解除沉默

從哪裡著手？該說什麼？

西蒙妮不確定自己是否還想維持婚姻，只知道還沒有準備好要結束它，她需要時間。而儘管她和錢德勒**之間**並沒有太多需要解決的事，彼此卻有許多需要獨自學習的事。他們或許沒有多少時間可以討論在加勒比海所發生的事，但要是他們曾經選擇花時間各自檢視當初外遇的原因，可能會發現沉默契約就在所有的核心之中。

他們可以像這樣展開對話：

一、我覺得……

二、我外遇是因為……

三、我以為你很清楚……

四、我假定⋯

五、我指望你會⋯⋯

六、我之前選擇不談論這件事是因為⋯⋯

七、我現在想要的是⋯⋯

深入探索自己的想法和動機，兩人就各自可以探究了解加勒比海情事和家庭生活的關聯。西蒙妮可以檢視自己為什麼不希望丈夫陪同，隻身度假，為什麼願意拿婚姻冒險而外遇，甚至怎麼會產生婚外情？經過一番內省之後，她可能會發現自己的婚姻是以沉默契約為基礎。可曾疑惑在義無反顧的選擇底下，所隱身的是什麼？通常，在激情過後，我們所要面對的不只是自己的所作所為，還有當中的原因。錢德勒需要探究自己為什麼甘願這樣把情感投入已婚女性，尤其還是一個從未表示想要離開丈夫的女人。然後，他可能會了解到自己為什麼不願趁著兩人還在島嶼上時，談論他對西蒙妮真正想要的事。發展這樣的自我省察，可能有助於錢德勒不會再有如此傷心的經歷。他甚至可以接受這次經驗的美好一面，繼續前進——專注在它的美妙，而不是痛苦。

從今以後

他們的故事並不罕見。進展快速的短暫情事和情侶，往往忙著享受魚水之歡，而不願承認這樣的私情會有什麼結果——或是不會有結果。西蒙妮可以運用這次經歷回憶，協助了解自己婚姻的下一步；而錢德勒可以藉助這個經驗，更加清楚明白自己希望和可以成為伴侶的女性，發展出什麼樣的交往關係。

性的力量

黛安娜和特洛伊

儘管性關係提供了同時增進靈肉親密度的絕好機會，卻也可能轉移成為沉默、秘密和欺騙的避風港。有時候，性關係的力量可能強烈到讓你覺得受它控制。性愛這種偉大力量是數百年來文學和歌曲所探索的主題，經常也是不同形式的戲劇核心。例如，在一個受歡迎的夜間電視節目，主角努力想要掙脫一段感情的影響，對著情人悲嘆：「我等著你，看著你。我無法呼吸，因為我一直等著你。你擁有了我，你控制了我。」接著，她驚訝地聽到對方回答：「你擁有了**我**，你控制了**我**，我屬於**你**。」激情的力量讓兩人各自覺得像是對方的受苦者，也發現自己深陷慾望的漩渦，讓他們想要打造出架構在更多其他事物上的關係。而在這底下，沉默契約卻滋長了兩人的性愛力量，特洛伊和黛安娜就是這樣的案例。

黛安娜在一家夜店認識特洛伊時，還是大二學生。對方高大俊俏，又擁有她所聽過最深沉的性感聲線。她比他年輕十歲，但兩人都喜愛年齡差距。洛特伊是小學校工，而黛安娜就讀長春藤名校，並且計畫繼續唸研究所，對事業懷有雄心壯志。只是，職業差異並沒有阻礙他們，兩人的化學反應轟轟烈烈。

他問了她的電話號碼，沒多久就打給她——就在跨年夜。儘管兩人事前都已經有了約會，但他說想過來見她一下子：「只是想看到你。」這是她所聽過最性感的提議。隔天，他打來訴說她有多美麗，並且提議兩人去海灘。冬季的海灘——她好愛他的不落俗套。兩人當晚就發生關係了，心醉神迷。從此，兩人持續保持關係——重點就是性以及更多的性事——一個月又一個月，最後九年過去了。

黛安娜的家人說，她會長大然後離開他。她的朋友說，他很酷，只是「不適合她」。對黛安娜來說，兩人的性愛以及他強烈的情感只專注在她身上，淹沒了反對者的雜音。這也讓她忘記了自己原本想要的感情，是要基於共同目標、價值感、道德觀和信仰。她和特洛伊在這些方面完全沒有共通點。但是，只要他安撫了她的自我懷疑，同時表示愛意，她就容忍了他其實欠缺那些她想要的男人條件。他們一天上床兩次，週末時的次數更多。兩人毫無相似之處，但是墜入情網，多年來他們都設法有效地漠視這段關係的明顯不足。這種「無意識的長壽關係」並不是那麼不尋常。不去面對雙方不合適的事實，使得人們往往會放任了多年的時間，才結束感情，也經常因此後悔莫及。

黛安娜想要特洛伊改變，便開始指出他的不足。與此同時，他開始酗酒，使用娛樂性毒品，而性愛仍舊美妙，結果造成兩人比以往更沒有溝通交流。想到和特洛伊在一起，她就永遠無法擁有知性和情感並重的感情，而只會過著感覺自己只是個情人一樣的生活，這讓黛安娜開始苦惱。後來，她接受升職，離開紐約，前往羅德島。兩人實質上的距離，讓她終於承認，她始終在欺騙自己說兩人有真正對等的未來，所以結束了這段感情，這令她傷心，也讓他心碎。

探究其中的沉默契約

黛安娜默許漠視她和特洛伊的關係失衡，漠視這件事對她而言十分重要。她認可只專注在愛情，享受可以轉移焦點的激情性生活，指望其他事情會自行好轉。事實上，黛安娜一直想要感受一下，被瘋狂愛上她的性飢渴男人熱烈渴求的感覺。她相信，經由感官和性愛吸引到男人，可以確保對方的愛。這在她的朋友身上似乎很管用！遺憾的是，她了解到和特洛伊保持關係，意味她將無法得到自己想要的事物——當然也得不到知性伴侶的關係，她默默希望這段以性為基礎的關係，可以發展成為具有深度和調和的關係，卻事與願違。

特洛伊默許漠視黛安娜想要擁有不一樣的關係，卻只是藉由性愛來展現他的愛。他把大部分的時間用在讓自己自在的事物上：去看棒球比賽，讓他可以教導黛安娜看球賽，帶她去看電影，或只是在門廊廝混抽菸。他忽視她繼續學業的無聲渴望，反而屈服在個人成長的恐懼之中，特洛伊愈是了解黛安娜和她的家人，就愈是了解她想要不同類型的男人。只是，他並沒有試著成長，去探索怎麼配合彼此的夢想。太多年的歲月阻擋在他和夢想之間，所以他只專注在讓她得到性愛的快樂滿足，因為這是他唯一能給予她的事，特洛伊當然不想承認他很害怕自己的貧乏不足。如果他返回校園，試著讓自己變得更好，他可能會失敗，同時又失去他的退休金。這是老生常談：恐懼阻撓了一個人取用會讓他真正快樂的東西。恐懼失敗，增強了他和自己的沉默契約——就是行走在得意自滿的道路，換得保護自己免於失敗，同時避免失敗後，可能導致他嚴重依賴酒精和藥物的情況。

解除沉默

從哪裡著手？該說什麼？

分手方式千百種，有些感情以淚水收場；有些流連不去，直到燈光熄滅；有些砰然破滅！無論如何，關係就是結束了，沉默契約導致了感情消亡。如果你像黛安娜，覺得大可以和即將分手的對象討論彼此關係，也覺得此事很重要，你首先會想探索自己的沉默契約。一如既往，這些妥協的根源是潛伏的假設、期望和恐懼，導致一開始就想進入沉默契約。雖然不見得總能馬上了解到沉默契約的起源，但關鍵的第一步是要運用特定的探究說法。

試試這種方式：專注在目前提及的關係，立定目標，要了解導致沉默契約產生和進行的原因，完成這些句子（也可以自行加入同樣脈絡的其他句子）：

一、我覺得……

二、我一直相信……

三、我從小就認為……

四、我假定……

五、我指望你會……

六、我一直害怕談論這件事是因為……

七、我現在想要的是……

對黛安娜來說，有些句子可以像這樣完成：**我覺得**沮喪，因為這段關係的感情和激情性愛並沒有朝向更加兼容協調的方向發展。**我一直相信**，自己會和一個我認為跟我旗鼓相當的人共度餘生。我也一直相信，令人滿足的關係需要有感官性愛的熱情和刺激，對方必須深切渴望我，而我和特洛伊之間就是這樣！**我假定**我和特洛伊的關係會超越全是激情性愛前幾個月，同時維持對彼此深深的情愛。**我一直害怕談論這件事是因為**，或許屆時我就必須承認，我知道現在的狀況不會改變，而且或許我必須承認，事情會拖得如此久，我得負起很大的責任。**我現在想要的是**，跟一個性愛、知性和情感各方面都和我相當的男人，共創健全的愛情生活。

一旦黛安娜釐清思緒，有辦法對自己承認她想結束這段關係，便誓言一定要清楚堅定且謹慎地和特洛伊好好溝通。處於這種狀況之下，自我對話所使用的語言，有許多在和另一方對話也有效果。記住，防衛是阻止進步的極大障礙，務必使用不帶責備和怪罪對方的言語。避免使用**你應該**、**你沒有**、**你從來沒有**等句子。要發自內心，勇敢說出真正的感覺。

當你想解除沉默，考慮使用以下的句子做為開場白……

一、我覺得……
二、我一直認定……
三、我認為我一直不去談論這件事是因為……
四、我在意的是……
五、我想要……
六、從現在開始，我希望……

在對話中，試著以真誠肯定對方的感覺和想法來回應：

一、我可以了解你為什麼會這麼想。

二、你說出重點了。

三、我懂你的意思。

四、我也一直有類似的感覺，但還不知道要怎麼表達。

五、我真的很愛你，不過我還是認為，為了避免彼此更加受傷，這場對話是有必要的。

你也可以藉由像這樣的提問，得知對方的想法和感情：

一、你對此有什麼想法？

二、這件事讓你很訝異嗎？

三、你覺得這樣有道理嗎？

四、你可看得出來這件事我們兩人都有份？

從今以後

經過九年的光陰，其中包括修正錯誤的許多嘗試，黛安娜知道這段關係永遠不會變成她想要的樣子，所以她覺得別無選擇，只能放開自己和特洛伊。她結束這段關係，此時也才逐漸了解到，她身陷其間的沉默契約，是自己多年前建立出來的，如果她對自己誠實，就會發現她其實一直瞥見沉默契約的身影，卻過了許多年，才能夠承認這樣的妥協破壞了她的人生和幸福。如果黛安娜繼續「默默活著」，她很可能會變得痛苦，感覺自己把黃金歲月浪費在不會有任何結果的事情上，考慮到黛安娜確切想要的未來，從她的人生中終結沉默契約才是正確的決定。她了解到，性愛的火花不見得能長期滋養愛情，需要更深入的層面才能通往她原本一直想要的關係。並不是說她跟具有同樣價值觀，並且抱持同樣程度好奇心的男人，就無法擁有激情的愛情生活，找到更均衡的關係是絕對可能的。現在，她知道自己絕對不能讓性愛說服自己漠視失去的事物，激情的性生活和讓她透不過氣的愛情，只會讓她一時滿足，但她已開始感覺到情感和知性的不滿足。如果她有從這段心碎的關係學到重要教訓，未來她就更能觀察蛛絲馬跡，了解自己的性生活是否隱藏了重要的事實。

特洛伊現在處於一個可以選擇讓自己不同的狀況。他半是幻想，讓自己沉浸在這段關係的性愛層面，以避免思考或談論他覺得自己和她的需要之間有一道鴻溝，難以吻合。只專注在兩人配合良好的事情上，有助於他感覺良好，並且減輕被否決的恐懼。現在，黛安娜打破沉默，特洛伊擁有無數的選項可供考慮：（一）他可以在一個不帶批評的環境，面對他對於個人成長的恐懼。（二）他可以試著結識安於他的本質，對他別無所求的女人。（三）不先質疑自己，冒著重蹈覆轍的危險，繼續追求和黛安娜相似的女人。

第二個選項可以讓他心滿意足，得到不會要求太多的關係，卻終究可能會讓他枯燥乏味，第三個選項會讓他選擇另一個像黛安娜的女人，他可能和對方經歷了熱情性愛的刺激時期，卻見到另一個充滿企圖心的女人揚長而去。但是，第一個選項卻是讓他現在可以追求已然公開的夢想。

經過一個不再沉默的妥協，雙方都可以選擇從這段經歷記取教訓，以便在未來會做出更好的決定。

扼殺性生活的沉默契約

儘管在交往關係中，通常有合理原因暫停性愛，這樣的間斷可能是沉默契約隱藏其間的跡象。有許多伴侶無法以荷爾蒙問題、性慾低下，以及身體心理疾病來解釋兩人缺乏性愛。在這些案例中，缺乏性生活的根源來自沉默契約。人們經常藉由逃避性愛來表達沉默契約；對他們來說，避開性愛的親密關係保護他們不會變得脆弱和暴露自身。但是，當人們輕視甚至漠視存在彼此之間的問題，性愛可能消失數星期、數個月，甚至好幾年。他們可能是藉由逃避性事，來試著掩飾親密或掌控方面的問題。簡單來說，就是：「只要我沒有赤身裸體，就用不著覺得自己赤裸裸的沒有保護。」

沮喪到失去性趣

在這個情景中，你們兩人都情緒低落。通常在這樣的狀況，不管其中一方是否了解到沮喪情緒已入侵彼此的關係，卻也都不想對此採取行動。當然，情緒消沉會造成我們對平常喜歡的事情失去興趣，性愛可能就是其中之一。為了辯解不再擁有親密性事，你可能會對自己這麼說：「蜜月期已經結束了，對交往五年的關係來說，這樣很正常，對吧？」因為默認不要承認自己抑鬱，你們允許自己忽視缺乏性生活的悲傷難過。接受失去激情，就用不著面對即使沮喪，你還是得採取行動來讓情況好轉的這個事實。

我嫁的那個男人怎麼了？

肯尼和瑪雅

來看看肯尼和瑪雅，對這對伴侶來說，性愛已成了遙遠的往事。肯尼是名會計；瑪雅以前是演員，現在是學校老師。兩人是青梅竹馬，目前已結婚十一年。兩人共享愉快舒適的生活，其中包括兩名年幼孩子、一棟房子、兩隻貓、一隻狗、好朋友，以及慈愛的親人。兩人過著圓滿的人生，擁有許多共同的快樂回憶，只是，他們不再做愛了。

剛開始，他們深受對方的熱情和冒險精神吸引。瑪雅夢想成為知名演員，風靡百老匯舞臺；肯尼聰明有趣，充滿活力，富有創造性的思維，夢想建立讓世界趨之若鶩的創新事業。然而，身為盡責的兒子，他接受父母的建議，大學選擇了保證他永遠找得到工作的科系。

兩人大學畢業後就結婚，也很快有了孩子，得到兩個活潑的女兒。瑪雅擱下表演事業，肯尼延後實現職業夢想，以確保家人得到所需要的一切。十一年後，兩人的生活和原本刻劃的刺激冒險大相逕庭，他們不去談論人生的轉折，所以兩人之間發展出沉默契約，這些妥協壓抑了他們的性生活，也危及婚姻。

瑪雅想和老公做愛，但他似乎就是不再有性趣。她告訴自己，要有耐心，點一些蠟燭，換上性感睡衣，卻都沒有作用。瑪雅過去會試著和肯尼談論這件事，並且馬上為他找了藉口。「親愛的，我知道你最近真的工作得很辛苦，但是……」但是，這樣的對話從來不曾深入，肯尼是愛妻的好男人，他會否認自己覺得工作過度或太累。他會微笑對她說：「寶貝，放輕鬆。我們會做的，沒事的。」瑪雅聽到女性友人描述減少的性事，覺得非常疑惑，因為**她們**才是努力迴避做愛的一方，肯尼的保證讓瑪雅懷抱希望，她告訴自己，她把肯尼逼得太緊，她的確需要放鬆。然後，又過了無性的一個月或兩個月。最後，瑪雅承認自己並非只是性飢渴，現在，她真的非常憤怒。

探究其中的沉默契約

由於性愛涉及親密和脆弱層面，透過激烈性愛（或缺乏性愛）所表達的沉默契約，經常比其他類型的沉默契約，更快速引起注意，瑪雅和肯尼的感官性愛被喊暫停，這是兩人未言明的事物試著想要發聲的清楚信號。瑪雅默認，**因為她擁有幸福美滿的家庭生活，所以沒有權利抱怨性生活**。這樣的妥協心態反映了她嚴厲的成長過程，每當她要求更多，就會被指稱是「自私且不知感恩」。人們經常提醒她，肯尼是夢想中的丈夫；她也說服自己，一切美好的情況下，無私的妻子不會抱怨性生活。另一方面，肯尼又不斷安撫瑪雅，溫柔地承諾事情「很快」就會回復正常，瑪雅開始覺得被人拒絕，同時很不自在地勇敢承認，身體被忽略讓她心碎。

肯尼對自己有一種默認，就是要跟自己的父親一樣，當個好丈夫和好爸爸。他父親總是說：「真正的男人不會讓個人的感覺妨礙到他的責任。」他專心成為一個好丈夫，儘管婚姻讓他不快樂、沒有成就感，也讓他深感焦慮。肯尼童年時，因為父母要工作，他放學就衝回家照顧弟弟，現在他內化了這個信念。當時他別無選擇，父母似乎不在乎他對個人責任有何想法；而現在這種別無選擇的信念，讓他有種「被填塞的感覺」，而和所愛的女人之間產生了沉默契約。儘管他愛瑪雅，也不想失去她，卻從未想過他和她的人生會是這麼乏味。他很難過兩人無力經營振奮人心的婚姻，也很失望瑪雅似乎接受了兩人走進傳統婚姻，於是他變得疏離冷淡，即便有時他的確進行性事，卻無法好好施展。肯尼發現，抑制性事，能讓他對於似乎已無法控制的狀況，得到掌控感。

沉默契約會呈現這樣的運作面貌，非常耐人尋味。儘管可能讓生活痛苦，卻也可以提供間接好處，像是獲得掌控感。肯尼愈是抑制和妻子的性生活，就愈是可以感覺到至少在人生的某一層面，自己又是老大。藉由拒絕性事，他得以對瑪雅表達無聲怒氣，因為她居然轉變成一個古板的郊區太太——跟他之前愛上的那位桀驁不馴且無拘無束的年輕女子，相去甚遠。當她真正表達出對兩人缺乏性生活的怒氣時，他卻很興奮，期待她可能會變回那個讓他墜入情網的女人，熱情而且充滿驚奇。但對瑪雅來說，她卻可以放下肯尼完美無缺的想法；既然他不再當她的愛人，所以他就不再適用**完美無缺**。現在，在她眼中，他不再是毫無缺點的丈夫，她可以放下自己需要成為完美情人和主婦的觀念。而且肯尼比較不完美的形象，也讓她比較不急著重拾早期擔任全職演員的非凡職業。這種抱負和夢想已經深埋在他們對「完美」郊區生活的追求之中。顯然，這些好處並沒有彌補他們性生活的缺乏，但這正是沉默契約的諷刺所在：它們或許嘶喊出麻煩，變成兩人關係結構的一部分，卻又提供了其他未表達的潛在需求。如果打破沉默（並且揭露當中的妥協），兩人就可以開始共同建立一個闡述彼此真正願望的生活——幸福快樂，充滿愛情，而且擁有健全的性生活。

解除沉默

從哪裡著手？該說什麼？

再一次，在和伴侶討論沉默契約之前，我們應該先內省自身。第一步是誠實探查潛在於自身，讓你甘於保持沉默的假設、期望、恐懼和不安全感。不見得總能馬上了解到沉默契約的根源，但關鍵的第一步是運用特定的探究想法，敞開心胸以尋常言談來進行對話。

試試這種方式：完成你在本頁找到的句子。專注在目前提及的關係，立定目標，要了解導致沉默契約產生和進行的原因。

一、我覺得……

二、我一直相信……

三、我從小就認為……

四、我假定：

五、我指望你會……

六、我一直害怕談論這件事是因為……

七、我現在想要的是……

對瑪雅來說，可能會像這樣完成句子：**我覺得**沮喪，被拒絕在外。**我一直相信**婚姻應該包含熱情的性生活。**我從小就認為**，只要擁有和善忠實的丈夫，以及健康快樂的孩子，就是非常幸運的女人。**我假定**如果我們的性生活開始消失，我的丈夫會真的想改變這一點，**我一直害怕談論這件事是因為**，我不想讓肯尼生氣，讓他更加拒我於千里之外。**我現在想要的是**，定期地勇敢溝通我們之間所發生及未發生的事，我現在想要的是一個充滿愛情的健全性生活。

等探究過自己對於沉默契約的認知後，就準備好可以討論了。和伴侶展開對話的方式有很多種，像是以邀約的方法著手：「我們來談個五分鐘。」如果你同意不要長篇大論，只是簡短討論，第一場對話可能就比較不讓人畏懼。

當你想解除沉默，考慮使用以下在前面篇章提及的句子做為開場白……

一、我覺得……

二、我一直認定……

三、我一直不去談論這件事是因為……

四、我在意的是……

五、我想要……

六、從現在開始，我希望……

記住，回應時要真誠肯定對方的感覺和想法：

一、我可以了解你為什麼會這麼想。

二、這對我來說是個新觀念，我得好好想想。

三、你說出重點了。

四、我懂你的意思。

五、我也一直有類似的感覺，但還不知道該怎麼表達。

別忘了你也可以藉由像這樣的提問，得知對方的想法和感情：

一、你對此有什麼想法？

二、這件事讓你很訝異嗎？

三、對此，我可以怎樣支持你？

四、你覺得這樣有道理嗎？

五、我們要怎麼做出對雙方都有好處的改變，你可有想法？

記住，你們的沉默契約不是一朝一夕發展出來的，可能也無法很快就獲得解決，留意不要出現討論疲乏，隨時可以結束第一次對話，這樣雙方都可以有時間好好處理剛才知道的事，未來可能還會有更多對話。但對許多人來說，第一次是最具有挑戰性的，所以請為自己踏出如此積極的步伐好好喝采。

從今以後

瑪雅當然不想結束婚姻；她想要結束的是無性生活，但是她先前重振兩人愛情生活的嘗試並不夠；她一直溫柔地要求，而肯尼也一直給她軟釘子。其中的妥協掩飾了他們心中的恐懼，因為無法擁有個人或兩人向來渴望的生活。如果他們繼續恪守自己的沉默契約，痛苦就會以兩種形式呈現：他們無法過著想要的日常生活，也無法擁有性愛。最好的解決方法是，他們要同意在性生活一產生問題時，就提出來討論，而這需要啟動一段可能讓人不太自在的對話。

健全性生活的核心就是一種溝通，伴侶應該經常互相確認對方對於彼此關係有怎樣的感覺，因為沉默可能會把原本只是簡單的小問題，變成複雜的大問題。你可知道伴侶覺得乏味、生氣或是沮喪？你可曾想要伴侶聽取自己沒有獲得滿足的需求？你是不是一直對自己保持負面想法，以避免正面衝突？你是否只是專注在其他事物上，來逃避對話？你所表現的感覺是不是隱藏了心中的對話？你是不是麻木自己的感覺，或是徹底封閉了感覺？

熟能生巧，所以經常討論彼此感覺、希望、懷疑和需求的伴侶，就比較可能發現這樣的對話隨著時間愈來愈容易進行。瑪雅和肯尼開啟真正溝通之後，他們不只開始真正聽到對方的願望，也能夠承認自己對彼此採取的行動，停止已危損兩人關係的行為。結果，他們得到的收穫遠超過重拾性生活。瑪雅不再覺得被觀念困住，不再認為自己應該過著傳統的郊區生活，並且接受從沒想過會隨之而來的性愛限制，她感覺可以重新思索自己的事業夢想。瑪雅的這項改變讓肯尼很興奮，也增加了兩人性生活的美滿愉悅。新展開的坦率溝通有助於肯尼減輕壓力，他不必十全十美，即使做為情人也一樣。肯尼的為夫為父之道，向來是遵循並非自我選擇的道路，肯尼需要放膽以自己的主張，重新定義**丈夫**和**爸爸**的角色。現在，他和瑪雅可以坦承彼此的期望、慾望和夢想，所以有了伴侶的支持，他可以更放手去定義。

中年過後

性生活仍是藍圖的一部分嗎？

或許吧，這真的看個人決定。如果你已步入中年，或是更大的歲數，你可能會發現自己不像過去那樣得到那麼多關注，這剛開始可能會讓人失望。請務必不要貶低自己的價值，只要記住自己是一條更年長更有智慧的魚兒，徜徉在新池塘，行走人生的伸展臺！現在該是擺脫不健康的沉默契約，大聲活出自我的時候了。

＊

來看看葵恩的案例，她步入中年，處於中年危機。她有兩個已長大成人的孩子、一個孫子，以及與日俱增的寂寞感。她即將退休，擔心自己往後會更加寂寞，她已經好多年沒有情人，也害怕再也交不到。三十歲離婚之後，她成了兩個兒子唯一的支柱。在那些日子裡，她回到學校當老師，靠著月光族的薪水，在一個安全街區的普通房子，養家餬口。有時候，她會渴望擁有浪漫愛情，不過一旦專注照料生活需求，這些想法就一閃而過。

在葵恩偶爾的約會和單身旅途的途中，從未認識到她覺得自己可以自在介紹給兒子的男人，她和一名婚姻不幸的鄰居談過一場短暫的戀情，最後卻是災難收場，之後她就開始逃避愛情。就做為一個性感迷人的女人這件事上，她對自己已經完全失去信心。但是現在，經過多年之後，葵恩重新思索她的未來，她想要有愛情生活，但也遠離約會的世界多時，缺乏自信，所以她要如何讓它再次發生？

在一次讀書會中，她詢問朋友的意見。大家提供了許多富有創造力的主意，包括參加教會聯誼會、擔任志工、旅行，探訪失戀人士。她的許多朋友也進行線上約會，所以鼓勵她建立自己的檔案，嘗試看看。葵恩振作起來，她到底一直在等什麼？該是重新改造自己，擁抱再度覺醒的性感自我了。在朋友的支持下，她開始參加每週的騷莎舞和伸展課程，並且找到好幾家絕佳的大尺碼內衣商店。她甚至有了化妝和新造型。葵恩終於感到愉快，而這也顯現在外！她開始意識到男人注目的眼光，而她也樂在其中。

當她認識路易斯時，感覺一拍即合。路易斯有五個孫子，最近才退休。沒錯，他已開始禿頭，體重有點過胖；而且沒錯，他需要為衣櫃添置新裝，還有不戴眼鏡的話，他可能看不到一公尺半以外的東西。儘管如此，他卻是個體貼、有趣和富有愛心的人，他想要找個伴，也受她吸引，他們克服了上床的所有障礙，以浪漫的燈光、音樂和有趣好玩的服裝，來替兩人熱情的約會升溫。儘管做愛次數可能不像她原本想要的那樣頻繁，但路易斯滿懷愛意的性格卻彌補了這一點，兩人相處美妙，讓彼此歡笑，從此之後兩人相扶相持。葵恩從沒這麼快樂過，不管是房事還是室外，她終於有了可以同歡的真正伴侶。

探究其中的沉默契約

葵恩在撫養兒子的期間，對自己做出沉默契約，認定母親身分足以滿足她。她給人一種印象，除了全心全意做為媽媽和老師，她別無所求。許多年來，她都選擇忽視自己的性自我，如果她繼續充當長期的受苦者、做那個只以孩子為重的烈士，她的人生就受限在她對自己敘說的中年愛情故事。當然，她會含飴弄孫，享受和成年兒子的親子關係，但她永遠都會知道自己忽略了身為女人非常重要的一部分，也知道自己會遺憾終身。

解除沉默

從哪裡著手？該說什麼？

有人會像葵恩這樣，試著從長期未能滿足的需求中現身，承認自己需要一個更能滿足的生活。撫養子女或撫養孫子是很重大的責任，同時也是極為豐富美妙的辛勤工夫，不過人生不只是這樣，如果你把自己的需求擱置一旁太久，現在即將開始尋找更多的性生活，首先你必須檢視自己想要的是什麼，以及為何之前沒有看重這些慾望，你和自己的對話應該要包含把這些詞句，轉為反映出新生自我理解的句子：

一、我覺得⋯⋯

二、我一直認為當一個好家長⋯⋯

三、這些年來一直沒有性生活意味著⋯⋯

四、我假定⋯⋯

五、我之前害怕⋯⋯

六、我之前選擇不去改變我的性生活狀況，是因為⋯⋯

七、我現在想要的是⋯⋯

當我們誠實面對自己，了解我們為何及如何進入某種狀況和模式，並且就此維持不變時，就可以更加清楚了解我們的沉默契約，在察覺出妥協的出處，未來就更可以避免這樣的默不作聲。

從今以後

葵恩必須改變，改變之前的作為，在朋友的協助下，她了解到該是為自己需求愛情、性愛和所有伴隨而來的歡樂，採取行動的時候了。她必須放下恐懼，不要擔憂自己的體重、年齡，以及多年來自己始終自外於約會，她得試試看。當她對於再度擁有充滿活力的交往關係，開始懷抱可能性時，就可以擺脫舊時的沉默契約，她的新認定集中在欣賞她所有達成的一切，誓言成為風趣且性感的女人，來好好體會人生。葵恩只有對生活產生新熱情，才能夠找到以同樣方式擁抱人生的伴侶。

力量和控制：當性愛成了武器

性愛實在很常被拿來當成交往關係的籌碼，在這種狀況下，你對伴侶憤怒不已，但你沒有坦率指出問題，卻以抑制性愛來處罰對方。你無法輕易原諒，卻有一個沉默契約，認為人們應該為自己的錯誤作為付出代價，所以你藉由在床上冰封對方，來行使這個權力。在這個沉默契約中，你持續無性生活，提出像是「我最近就是不想做」或是「他不是為了我才做」等藉口。

伴侶可能會默默留在你沉默契約的另一頭，他自己的沉默契約內容可能是拒絕承認自己為這樣的冰封感到生氣，因為承認這種事可能會被解讀成自己有需要，這意味著對你讓出了控制權。在這個案例之中，你的沉默契約和你維持無性生活是極為一致；你藉由抑制性事來處罰他，因為你覺得他像是做錯事，而他也不打算懇求，這種僵局可能無限期延續下去。

等你想要解除沉默，考慮運用以下一些我們之前討論過的詞句做為開場：

一、或許是我，但是……
二、我們可有討論這件事的不同方式？
三、我認為我一直不去談論這件事是因為……
四、我真正在意的是……
五、告訴我，你是從哪裡來的……
六、以後我們可不可以做更多的……

一如既往，回應時盡量真誠肯定對方的感覺和想法：

一、我可以了解你為什麼會這麼想。
二、你說出重點了。
三、我懂你的意思。
四、我也一直有類似的感覺，但還不知道要怎麼表達。

記住可以藉由像這樣的提問，了解對方的想法和感情：

一、你對此有什麼想法？
二、這件事讓你很訝異嗎？
三、你覺得這樣有道理嗎？
四、你可看得出來這件事我們兩人都有份？

功能失調的沉默契約有如一起行動的邪惡夥伴，想讓你的房間成為冷清寂寞的地方。不管你是處罰伴侶的一方，還是被處罰的一方，盡量別去理會侮辱和傷害，以便展開打破沉默的對話。

烈士和吝嗇鬼：隱藏真正的問題

當你和伴侶無法應付對彼此感覺是既憤怒又親密時，烈士和吝嗇鬼的場景就經常浮現。在這個場景中，「吝嗇鬼」針對雙方不願承認的問題，藉由抑制性愛來展現出怒火。這種狀況出現在扮演烈士的人害怕揭露她的怒氣，只是默許讓伴侶藉由否決雙方的性愛，來表達出兩人的憤怒。同時，扮演吝嗇鬼的那一方，可能難以表現他溫柔的一面。畢竟，他並非全是怒火，他真的還是愛著她。但是對他來說，用偽裝形式來展示憤怒，比起直接揭露，似乎比較不令人生懼；因為這樣的揭露可能包括要承認一個可怕的事，就是他害怕自己可能讓她失望。所以他抑制性愛，她因而扮演烈士，忍受無性生活。兩人的沉默契約於是完好無損。

在這種狀況中，表面下暗潮洶湧，烈士和吝嗇鬼之間的動力不是為了權力，而是在否定感覺，只有一方能夠宣示彼此之間存在著憤怒，另一方卻不，這種互動讓兩人達成不去談論彼此更大問題的共同目標。

顯然，性愛領域中擱置不提的沉默契約會導致沮喪、失望，以及脫軌失序的關係，它們在我們性生活中所造成的衝擊——像是失去親密和歡愉，不再有幸福感和現下的快樂——是不能漠視的。所以，要保持對話、伸出雙手，並且內省自身。

第四章

關於金錢的沉默契約

我們的金錢觀所激發的情感，跟我們擁有多少財產無關，而是跟我們的成長過程、自我認知，以及和愛情、安全、獨立、力量及控制等議題，有密切的關聯。我們大部分的人很少去思考自己為何這樣花錢，卻經常透過花錢來做決定，或傳達未說出口的感覺。有時候，這些未明說的感覺不會對財務狀況造成影響；但有時候，卻會帶來沉默契約，不只損及我們的經濟狀況，甚至會影響我們跟戀愛對象、同事，甚至是跟自身的關係。有時，這樣的沉默契約會帶來非常嚴重的後果。蒂娜和道格的案例正是如此，看著他們的困境，看到兩人因為不太了解對方在金錢方面的期望、信念和經驗，而發生衝突時，你可能也會發覺到自己關係中所呈現的緊張壓力。

我終於明白了

蒂娜和道格

蒂娜和道格是在大學的一場美式足球賽認識，當時他的兄弟會和她的姐妹會成員參加了中場休息時間的表演。表演時的如雷旋律響徹全場，在「萬事皆有可能」的承諾中，他們的心充滿活力與朝氣。蒂娜和道格立刻互相有好感，兩人聊天時，不僅深受對方吸引，還高興地發現兩人有許多共通點：他們都喜歡運動，有上教堂的習慣，同時以笑聲聞名。雙方幾乎震撼地感到一拍即合，感覺「可能就是這個人了」。然後，經過六年的共舞、旅行、約會、家族團聚，以及依偎在沙發共度電影之夜的日子，他們結婚了。

婚後的前五年幸福美滿，蒂娜按照兩人過去躺在沙灘上分享未來夢想時，所勾勒的職業道路前進。她完成教育碩士學位，在學校教了幾年書，一路升職成為校長。她受人敬重，擁有優渥薪水，穩穩走在她為自己規劃的事業道路上。

道格的情況則是截然不同。他懷抱著企業家的雄心，追求擁有事業的夢想。他選讀了研究生的商業課程，和朋友合夥，發展各種點子。隨後十年間，他經營過房屋油漆公司、承包公司、搬家公司，還有其他幾次沒有持續太久的嘗試。每隔一年半左右，他總會提出一個「更大更好」的主意，道格是喜歡嘗新的類型——新工作、新課程、新計畫，變化讓他充滿活力。

在這段期間，他們有了兩個孩子，並且藉助龐大的貸款，買了一間房子。最初幾年，蒂娜滿足於他們的生活，她向來是道格最大的捍衛者，希望他遲早會找到讓他持之以恆的職業。但過了十年，兩人都無法否認婚姻中的壓力。道格的事業觀讓兩人產生無數爭執，卻似乎都沒有結果，最後他們都停止談論此事。蒂娜的痛苦默默增長。兩人愈來愈少共度時光，性生活更是不復存在。蒂娜告訴丈夫（以及她自己），她只是因為忙碌的工作而筋疲力竭。道格開始流連地方酒吧，喝得比往常都多，跟女人打情罵俏。有一天，當他從酒吧晚歸，他發現蒂娜坐在黑暗之中，兩人都無法回答這個問題：「我們到底為什麼成了這個樣子？」

探究其中的沉默契約

道格和蒂娜的志向和恐懼為他們的沉默契約打造了完美的背景，其中一點是這樣：**道格為了逃避失敗的恐懼，而默許自己否認他的事業冒險可能永遠不會成功。**道格事業落空對家庭經濟造成困難，但蒂娜也是這項沉默契約的一分子。十年來，她對於自己擔憂道格可能永遠無法成為對等的經濟夥伴一事，始終保持沉默。**兩人都默認蒂娜會支持道格的事業冒險，這將證明她是一個與眾不同的女人，會永遠支持她的男人。**這部分的沉默契約對蒂娜和道格來說，格外具有力量，因為兩人都相信，在道格持續為職業掙扎的情況下，它終究會拯救彼此的關係。

解除沉默

這樣局面看起來淒慘無比，或許你也了解到兩人為什麼會走向這樣的結局。你可曾和伴侶、朋友或家人，有過同樣的爭吵？這樣的關係並不罕見，你會發現自己若是承擔責任的一方，另一方往往會忘記帶錢包、忘了還你錢，或是指望你替家族出遊買單。是時候來揭開你對自己的沉默契約，以及和別人的沉默契約了！身為承擔責任的一方，你是否覺得不知怎麼讓人滿足？或許你不想負擔一切費用，也會抱怨這件事，但是你和自己的沉默契約卻讓你停不下來，因為你喜歡當有錢買單的人。捫心自問這個簡單的問題：「拋卻這件事，我還算什麼？」這有助你領悟到你和自己存在沉默契約，這成了你和白吃白喝的朋友、家人或伴侶的部分互動狀況。當然，維持這樣的互動是需要雙方面，所以另一方需要探究他們未曾說出口的東西。或許他們抱持的沉默契約是，經由他人來滿足自己需求，不要自己先嘗試以避免失敗，或是藉著讓你支付一切來表達對你經濟成功的羨慕之情——**接招吧**，女強人！不管是什麼導致你和自己及他人的沉默契約有所交會，第一步永遠是內省自身。

當我們思索隱藏在蒂娜和道格表面底下的事情時，我們可以見到兩人對於自己想要的生活方式擁有相似的想法，期待能做為團隊共同打造它。蒂娜的計畫是一條有架構且可預期的職業道路，確保了經濟的安全穩固。相反地，道格卻夢想經由未知的道路，成為超級成功的大企業家。蒂娜的收入在他追求夢想時，緩和了他的恐懼，但他做夢也想不到蒂娜居然會對他失去信念。

蒂娜對於自己做為支持者的角色尤其有感，因為她是在一個女人鄙視身邊男人的家族中長大，她誓言一定要選擇一個值得信任並且能讓她支持到底的男人。不過，她一直沒有釐清自己和道格的狀況，如果道格的事業始終沒有起飛，她的支持可以持續多久。她從未想過這會成為重大問題。

第一步：沉默契約的背後是什麼？

那麼，當困在金錢的沉默契約之中時，你要怎麼處理？更要緊的是，要怎麼一開始就避免自己受困其間？就我們之前所提及的，第一步是內省自身，努力發掘你在彼此關係中所可能浮現的金錢信念和期待，接下來的訓練有助於你清楚得知什麼東西貫穿在你的沉默契約之中，藉此奠定隨後對話的基石。

說明：在金錢圓形圖中，填上你對以下相應問題的回答。務必每一個區塊都要包括你的想法和感覺，努力不要審查自己，答案沒有好壞或對錯，在進行訓練的時候，如果坦率面對你的妥協，做完之後，你就能更清楚了解自己的沉默契約。

信念和感覺

一、我在成長過程中，對於金錢的所見所聞是什麼？

二、長大之後，我對於金錢有何感覺和看法？

三、如果我有一百萬美元卻又失去它，我的想法和感覺會是怎樣？

四、如果我失去一百萬美元，而我最在乎的事情卻絲毫無損，我的想法和感覺會是怎樣？

舉例來說，以下是蒂娜的回答：

我在成長過程中，對於金錢的所見所聞是：成為專業人士，擁有穩定的工作，過著舒適的人生。

長大之後，我對於金錢有何感覺和看法是：它是婚姻衝突和不幸的來源。

如果我有一百萬美元卻又失去它，我的想法和感覺會是：我會崩潰。

如果我失去一百萬美元，而我最在乎的事情卻絲毫無損，我的想法和感覺會是：只要還擁有家人，我就不會有事。

而道格的回答會是：

我在成長過程中，對於金錢的所見所聞是：工作本身不會讓你獲得想要的人生。

長大之後，我對於金錢有何感覺和看法是：我想要有更多的錢。

如果我有一百萬元卻又失去它，我的想法和感覺會是：我會努力重新獲得失去的所有金錢。

如果我失去一百萬元，而我最在乎的事情卻絲毫無損，我的想法和感覺會是：我會覺得自己讓家人失望了。

現在請填入你自己的回答，慢慢來不要急，這樣你才能看到表面底下的事實。

最後，回答以下的問題，這將協助你更加完整了解自己關於金錢的沉默契約。

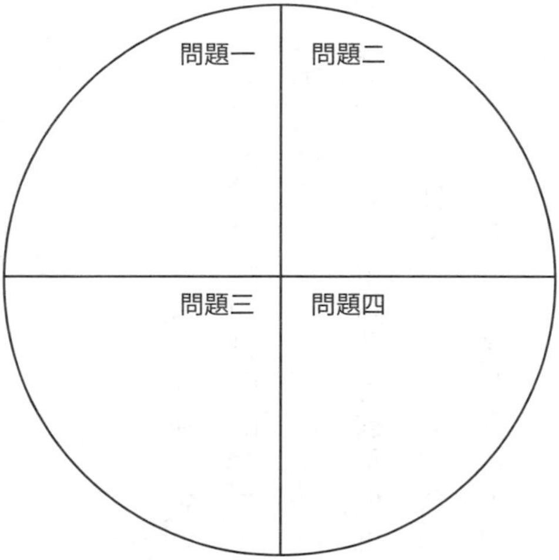

期望和假設

提示：想想你的回答是否有關聯，又有怎樣的關聯？

我目前的財務狀況和我的理想有多符合（以一到十的分數回答）？

要建立我理想的財務狀況，我對伴侶有怎樣的需求／指望？

當你和伴侶各自完成這項訓練後，可以一起討論你們的答案。不過，你們真的辦得到嗎？直入沉默契約的核心，意味著找到了談論財務及感覺的勇氣。在蒂娜和道格的案例中，兩人是如此憤怒，所以很難展開並且維持有建設性的對話。你可能會發現自己處於相似的困境，因為人際之間的金錢問題通常很沉重，會激起許多強烈情緒。因此，首要之務是先建立一種氣氛，讓兩人覺得可以在不帶批評和判斷，安全討論彼此沉默的恐懼和擔憂。進行這些對話時，可以遵從一些方針來做好準備。

各自進行

記錄以下問題的答案：

●從這項對話中，我想要得到什麼？（詳述）
●我願意給予這項對話的是什麼？（詳述）
●直率坦白，會帶給我怎樣的恐懼？
●要直率坦白，我需要伴侶給予怎樣的協助？（說出伴侶辦得到的明確事情。）
●我能給予伴侶怎樣的協助，好讓他可以直率坦白？（說出你辦得到的明確事情。）
●寫下三個陳述，反駁你對伴侶有過的批評或判斷。

共同進行

●選擇一個你們不會太疲倦、分心或被打擾的時間，來進行對話。例如說，找個臨時保母，關上電話和其他3C產品：在一個安靜的中立空間見面，聆聽彼此的聲音。
●定義聆聽規則。例如，你們可能會想要輪流說話，互不插嘴，給對方五分鐘好好說明。

- 為這項對話，設計一個時間限制。這件事很重要，可以讓你避免「高峰會議疲勞」。如果你想要的話，可以訂出後續的對話行程。

對話的準備

- 和伴侶分享你對於上述問題的回答。
- 對伴侶的答案提出問題。
- 重述伴侶的回答，以確認你的理解無誤。
- 努力採取可以鼓勵伴侶說出最率直回應的溝通方式，例如這樣的說法：「我聽到你說……」、「你說的事，我的理解正確吧？」、「是否還有我需要了解的地方？」、「知道你的想法，對我非常有幫助。」

進行對話

當你和伴侶設立好可以安全直率溝通的舞臺，就該來揭露可能開始崩解你們兩人關係的沉默契約了。你們現在可以討論在填寫金錢圓形圖時，所察覺到的一切。在這部分訓練的對話應該用來協助揭示，成長過程的所聽所聞是怎麼反映在你花錢、省錢、賺錢或賠錢上面。討論答案時，你很可能發現，你比較容易找出自己對於有錢或沒錢，以及金錢在你人生中扮演的角色，所抱持的深層信念和感覺，這個討論應該也可以協助釐清你所重視的其他人生層面。比如說，蒂娜和道格可能會發現雙方都重視家庭勝於一切，但是大筆金錢對兩人所代表的意義卻不一樣。這有助於他們全面了解，兩人對於道格創業不順利的事，反應怎麼會如此的不同。

有什麼是你和伴侶都重視，得以協助你們在金錢議題取得共識的事物呢？帶著這些可能從討論中得到的洞見，檢視你和伴侶對於想要的經濟狀況各是什麼立場。這包括探討阻擋理想情況的障礙。如果辦不到這件事，就不太可能在這樣的過程中，揭開金錢方面的沉默契約。你所面對的障礙通常顯示出，相符或不相符的沉默契約所在。藉由研判處理金錢事務時，你的**行為**有多麼符合你的信念以及對自己或對伴侶的期望，就能夠更加清楚辨識出這樣的差異。考慮以下幾點：

- 你的行為是以怎樣的情形，符合你所相信適當的金錢處理方式？
- 伴侶的行為是以怎樣的情形，符合或不符合你所相信適當的金錢處理方式？

● 你的行為是以怎樣的情形，符合或不符合你對自己的賺錢或存錢期望？例如說：「我期望每年都能得到一大筆加薪，但是伴侶的薪資很高，所以我就留在只有少少薪水的工作。」

● 伴侶的行為是以怎樣的情形，符合或不符合你對他或她的賺錢或存錢期望？例如：「我期望她維持穩定的收入，平均分攤家計，但她一直換工作，做不到要求。」

如果你喜歡圖像，把相符和不符的部分製成圖表，或許可以協助你了解自己和伴侶一致和相悖的地方。這也可以闡明你一直默認的東西，以及這些妥協在哪些方面是不管用甚至是有壞處的。以這種形式探究沉默契約，也有助於你們發展出團結一致的感覺，因為你們會一起致力製作圖表，找出彼此的關係是怎樣因為金錢的沉默契約而瓦解。如果你發現自己對於你們的財務關係，又陷入舊時的爭論和挫折時，不妨留下一份期望圖表做為參考，這個表格可以讓你了解信念和行為的交叉面向。

	我的信念	我的期望
我的行為		
伴侶的行為		

從今以後

許多和金錢相關的困境反映出其他可能很難辨識或討論的問題，所以找出對於金錢的沉默契約，有助於你更加完整了解伴侶。對道格和蒂娜來說，更加深入挖掘並探索兩人假設底下的問題，讓他們可以分辨出兩人看重的事，並且更能同情對方，蒂娜可以分享她對娘家女性的感覺，目睹爸爸和喜愛的叔伯不被他們的妻子尊重，讓她覺得焦慮又難過。她和爸爸關係親密，她的爸爸是個慈愛和善的人，但媽媽對爸爸的強硬行為讓蒂娜害怕爸爸有朝一日會離開他們，同樣的恐懼使她多年來在道格的困境中，始終保持沉默。

了解蒂娜的歷史後，道格要她放心，自己對她的承諾堅定不移。而探究自己的成長過程後，道格也對自己有更深入的了解。他的爸爸和社區的其他男人在當地工廠辛苦加班，卻從未得到優渥的薪水。他不想要那樣的生活，誓言一定要成功，只是他對自己極度缺乏信心，害怕自己可能不比爸爸圈子的那些男人好多少。不過，道格相信，無論如何，一個好妻子就是要支持丈夫的努力。

當蒂娜和道格更加了解自己和對方，他們就可以重新架構他們的沉默契約，當然也同時終結沉默。蒂娜能夠主張她期待道格去工作，分攤家計，如果他做不到，她保留直言不諱的權利。她協助道格了解到，她在發展過程表達自己的顧慮，也是一種支持形式，這有助於兩人一起取得更好的妥協。同時，道格確認事業的具體目標，包括讓事業起飛的期限，和可以貢獻給家庭銀行帳戶的數字。發現自己仍有著蒂娜的支持，道格感覺更有動力要弄清楚自己的努力，道格最終是想要可以讓妻子放心，讓她有安全感。

當你和伴侶確認各自擁有的信念、規則和期望後，就可以毫不畏懼地展開溝通。這讓你們得以自在談論金錢方面並適合你們的信念和期望，你可以保留個人對金錢的一些信念，但只要沉默契約已被揭露和理解，你就擁有適當的位置建立和伴侶的共同點。之後，你們就可以擬定適合這個團隊的新協定。

金錢和工作：是我的薪水還是我？

有時候，關於金錢的沉默契約會在職場發展出來，通常連結到薪水及其他形式的補償。要在這個領域揭露沉默契約有點棘手，因為薪水需要在工作範圍內討論和協商，而不是基於個人經濟需求。要求加薪時，即使心中這麼想，還是不太可能對老闆說出這樣的實情：「以我這種的薪水，我甚至請不到像樣的保母。」相反的，你必須能夠指出你對工作的貢獻價值，再轉化成為金錢數字；同時，你才是密切關注個人希望和需要的人。所以即使公司按照工作訂定薪資，你可以專注在自己所賺取的薪水是怎樣影響你的生計，影響對舒適的需要，以及對我們有些人來說，甚至是奢侈的渴望。

如果你很幸運地賺到足以支付個人需求及願望的薪水，可能會發現你的沉默契約觸及地位、自尊、職權或是公平。然而，如果你的薪水問題包括照應你的基本需求，你對金錢的沉默契約可能反映出你拚命想在這世界出人頭地的潛在感覺。當然，百萬富翁的執行長和工資微薄的餐廳員工，兩者可能都受到不計一切要逃避窮困的沉默契約驅使。因為，沉默契約的基礎通常很早就埋進我們的人生，我們對於賺多少錢、是否擁有百萬薪資或低下許多的薪水，很容易受到沉默契約影響。而這種種妥協所反映的信念和期望，有無數的可能性。就讓我們來看看德瑞克的案例。

我的薪水遠不如我的價值

席拉和德瑞克

德瑞克是個二十多歲的聰明年輕人，在紐約市一家替重病兒童打造藝術節目的非營利小機構工作。德瑞克被喜愛社交、精力充沛的父母撫養長大，但他成長為沉靜又嚴肅的人。他很有愛心，很有創造力，在朋友圈中被普遍認定是個聰明傢伙。

德瑞克很努力工作，專注於機構交予的任務。他不怎麼滿意自己所拿到的初階薪水，不過他也得到承諾，等機構規模擴大，就會替他加薪。他確信從協助改善病童生活所得到的回報，遠勝於薪水的多寡，這個論點對他而言很有說服力。德瑞克的父母是狂熱的社區行動主義者，所以他是在幫助他人使世界更美好的觀念下長大。

經過四年協助機構推展的長時工作後，德瑞克充滿挫折、心力交瘁。他和三個生活凌亂的室友住在一間五樓的無電梯小公寓，吃著麵條。朋友一直規勸他要求加薪，或是乾脆找薪水更好的工作。他們知道德瑞克想要幫助別人，但是他們也希望他享受二十多歲的人生，用不著一直為經濟煩惱。

最後，德瑞克終於聽取了他們的建議，跟老闆席拉要求加薪。席拉本身也才剛滿三十歲，行為隨意，不拘小節。她很有同理心，大部分的員工都把她當成大姐姐。在兩人的會面時，德瑞克描述了過去四年自己的成就，並且表達想要繼續在這裡工作，只是這樣他需要較高的薪水。席拉回應說，他們的機構適合忠於任務而非專注於金錢的人。她提醒他，還有人在這裡工作比他久，也沒有加薪，而**他們**真的致力幫助不幸的人。她最後補上一句，對德瑞克要求加薪她很失望，想知道他是否自認為在這裡工作是大材小用了？

德瑞克氣壞了，他指責席拉對他以及對其他非常辛勤工作讓組織成功的人，毫無忠誠心。他說她對他加薪要求的這番言詞是「玩弄人心的屁話」，便怒氣沖沖離開她的辦公室。他認定自己一定被開除了，便開始打包東西，幾分鐘後，卻訝異地發現席拉伴隨叮咚作響的手鐲聲音走來他的辦公隔間。她臉色漲紅，卻不失冷靜地說：「我想我們並不了解彼此，你能過來我的辦公室，讓我們來談清楚嗎？」

探究其中的沉默契約

德瑞克懷抱改變世人生活的希望加入組織，非常興奮能做為組構的基礎，進而協助它成為一個有影響力的團體。儘管他並不是物質主義者，卻還是期待能賺取足夠金錢，讓他可以和朋友往來、偶爾看場電影，在客廳以外的地方約會。然而，他對自己的沉默契約總是這樣：**我不需要太多的金錢，因為能夠幫助別人，這件事本身就是回報**。席拉是這項妥協的沉默契約共同簽署人，同時她暗示他為人自私，使得他非常反常地發作了一番。

在德瑞克的成長過程中，他的父母一直是非常熱切的行動主義者，經常會為了當時的種種原因，忽略獨生子的需求。對於他的棒球比賽或辯論賽，他們時常遲到——甚至不到，而且幾乎趕不及他的高中畢業典禮，因為他們稍早才剛參加了選舉連署登記活動。當德瑞克抱怨父母總是缺席時，他的訴求總是被指稱是自私。媽媽會對他長篇大論，說其他人需要他們的幫助，說她很失望他看不出自己有多幸運。

席拉的成長環境使得她很容易就參與這個沉默契約；她用不著賺太多錢，因為她承擔得起。她富有的雙親認為她從事非營利事業真是「瘋了」，尤其她還是籌募基金的新手。從他們的觀點來看，她直接捐錢給她相信的慈善事業，不是比較容易？即使如此，他們還是縱容她，借給她十萬美元創業，另一方面她也向有錢的朋友募集基金。席拉追求自己的各種夢想時，常惹得她住在公園大道豪宅的家人好笑地搖頭，但是她付得起自己的帳單，經濟方面不像德瑞克那樣有不安全感。如果需要，她一通電話就能得到家人的金錢資助。

考慮到表面下的所有狀況，德瑞克和席拉要怎樣了解彼此間的沉默契約呢？這個妥協把兩人困在一個不切實際的安排之中。德瑞克身心俱疲，而席拉無法公正補償她的員工。顯然該是解除沉默，修訂安排的時候了。

解除沉默

你可能曾經跟老闆有過同樣的交手經驗，也可能仍然害怕表明想法，不敢要求符合能力的薪水。這些衝突經常源自於沉默契約，因為各種理由而發生。如果你屬於不去主張需求的人，涉及要求自認值得的薪水時，你可能會很容易受傷害，可能讓你很難去**期盼**加薪。女性比男性更常不去要求加薪，這可能是因為她們內化了女性應該嫻靜無私的社會訊息。此外，或許你總是把他人擺在第一位，這讓你更難相信**你**理應加薪。畢竟，你總是把自己降到清單的最底層（而且總是有個清單），你會發現自己很難專注在自己的金錢需求及慾望。事實上，這樣做可能還會讓人微感不安，彷彿金錢慾望反映人格缺失，證明你很自私。但這可能只是你對自己的沉默契約，使得你無法要求你應得的加薪。

或許，你是在一個非常有錢的環境中長大，所以不太確定真實的自己能否被人接受。你可能從來就不喜歡自己的家族財富成為焦點，暗自發誓絕對不要把它當成榮譽徽章。這可能使你採取可以掩飾自己很幸運這項事實的行為舉止：穿著邋遢的衣服，流連在經濟弱勢的城區，選擇「和民眾在一起」卻提供極少金錢報酬的工作事務。你甚至可能發現自己過度彌補個人的優渥背景，錢財保持低調，並且迴避任何和金錢或加薪相關的言談，尤其是自己的，當別人對於賺取或擁有更多金錢展現興趣時，你可能會跟席拉有同樣的反應。

如果你發現要爭取工作的相應報償，會陷入衝突狀況，不管這是自身的天人交戰，還是和老闆公開衝突，都表示你可能有了沉默契約。你可以藉由檢視衝突中最讓你生氣或失望的內容，來著手找出沉默契約。因為最失望的事物體現出期望和信念，如果你可以從最容易辨識的要素著手——也就是失望的部分——從這裡回溯，就可以展開揭示沉默契約的過程。

捫心自問

- 這次衝突／遭遇最讓我失望的是什麼？
- 我原本期待會是什麼結果？
- 我是抱持怎樣的信念，使得我期望會有不同的往來？

你的回答或許會闡明你和對方在衝突中不曾說出口的期望。在嘗試探究和老闆或上級這種對話的真正意義時，記住要採用和工作環境一致的語氣。一開始先是承認自己原本或現在的期望，然後詢問對方是怎樣看待這個情況，這也會很有幫助。採取這樣的說法：「我感覺你對此有不同想法。」或「或許我們兩人對彼此至今還是難以找到解決方法，都有點失望。」或許可讓討論更能暢所欲言，目標就是要揭開關於合理報償、工作價值，並且給予金錢展現的沉默契約。等明白這一點，就更能了解你們不協調的沉默契約，是如何讓雙方難以處理彼此的歧異。

德瑞克的回答可能像這樣：

●我很失望我沒能得到加薪。

●我期待得到加薪，而不是侮辱。

●我相信幫助他人的工作是一種回報，但我也相信我的需求一樣很重要，應該受到同樣對待。

席拉的回答可能像這樣：

●我很失望你要求更多金錢。

●考慮到你知道自己是在幫助他人得到滿足感，我期望你接受你所拿到的薪水。

●我相信金錢相對不重要，因為金錢很少讓人快樂，或是給人想要改變世界的心情。

從今以後

在德瑞克和席拉花時間回答這些問題之後，他們開始了解到兩者的妥協雖然相似，卻沒有包括到對方所面對的課題。德瑞克能夠主張不該因為打著幫助別人的名號，而壓制他的需求。他了解自己對席拉發怒時，感受到以前爸媽為了社會工作而忽略他的需求時的同樣情緒。當他其實覺得自己在這麼少的薪水下做這麼多工作是相當無私，卻聽見她指控他自私，讓他深受傷害。然而，當他注意到兩人的衝突是關於**現在**的加薪問題，而不是關於爸媽帶來的挫折感，他還是能夠因為對席拉發火而道歉。

席拉也可以了解到，儘管兩人都認同要幫助他人，自己卻因為很容易取得大量金錢，而太不看重錢財。此外，她也承認自己有一點鄙視金錢，因為她不想自己變得像是之前認識的「冒牌慈善家」，捐錢只為減稅，卻不願動半根手指頭對需要的人做任何實際工作。看到兩人的沉默契約有相同的要素（想要幫助他人），卻有不同的隱藏條款（和動機），席拉和德瑞克得以拋開兒時的經驗，確立兩人坦承的新協定。這個新妥協認為，有錢和幫助他人可以並存在同一個世界，彼此不會模糊和評判另一方的需求。對此，他們都全然同意。

在你嘗試揭露並走出沉默契約時，記住讓情況複雜的個人沉默契約，經常只有部分一致。在這些狀況下，沉默契約可能包含相似的基本信念（例如幫助他人），但是這個信念應該要如何以**行為**表現出來（例如是有償還是無償），卻有不同看法。這種複雜狀況使得探究職場金錢衝突底下所可能隱藏的潛在期待和失望，顯得更加重要。如果花時間進行這樣的探索，就可以發現個人妥協相符的部分，更容易提出沉默契約中相異部分的解決之道。

在你離去之後

艾蘭娜和克萊拉姨媽

艾蘭娜現年三十五歲，心地善良，工作努力；克萊拉是艾蘭娜的聖地牙哥家族中最討人喜歡的姨媽。克萊拉親切實際，素以坦白直率，毫不掩飾聞名。甥姪輩都很喜歡陪伴她，只除了表弟榮多。榮多不像艾蘭娜及其有高成就的手足、表兄弟姐妹，榮多很少有工作。他總是陷入各式各樣的困境，如果去找克萊拉姨媽，必定是有所求。

艾蘭娜從很小的時候，就和姨媽很親近。她喜歡在克萊拉姨媽房間待上好幾小時，把玩姨媽珍藏的手工娃娃，瀏覽姨媽的時尚雜誌。艾蘭娜在戴眼鏡和牙套的青澀年代，被同學取笑，安慰她的正是克萊拉姨媽。多年來，艾蘭娜從姨媽身上學到許多事，她認為姨媽非常自尊自重。所以不難了解，克萊拉姨媽因為心臟問題病倒了，艾蘭娜會想要照顧她。

艾蘭娜搬進姨媽家，儘管這對她來說相當感傷難過。她珍視有機會可以和姨媽共度更多的時光，姨媽跟她說了眾多家族故事，一些從沒人告訴她的傷心或得意故事。艾蘭娜對姨媽的堅強信仰有更多的了解——得知信仰是怎麼幫助她面對疾病以及即將到來的臨終時刻。

在艾蘭娜搬入的兩年後，克萊拉姨媽過世了。整個家族都傷心不已，互相尋求支持。葬禮過後不久，大家開始整理姨媽的房子，也找到她的遺囑。眾所周知，克萊拉姨媽對金錢很謹慎，做了良好投資，可能有一筆舒服的養老金。但是，發現到克萊拉姨媽去世時，銀行戶頭居然有一百二十萬美元，沒有人比艾蘭娜更震驚了！更令人震驚的是，姨媽分配這筆錢的方式：她把絕大部分的遺產留給教會，其餘給了她遊手好閒的姪子榮多，艾蘭娜花了兩年做為姨媽生活中最為倚賴的人，卻沒有繼承到半分遺產。但是榮多身為家族的破壞分子，卻得到快意的十五萬美元。

艾蘭娜深受傷害，也困惑不已，打理姨媽一切的人難道不是她嗎？她不是還搬了家，暫緩感情生活，調整工作行程，以便可以在家工作——只為了這樣才能隨時有空照料姨媽的眾多需求？儘管艾蘭娜擁有非常優渥的薪水，她還是不明白姨媽為什麼一毛錢也沒留給她。艾蘭娜對榮多的憤恨與日俱增，同時也愈發懷疑對姨媽來說，自己究竟是不是特別的人。

探究其中的沉默契約

艾蘭娜對克萊拉姨媽的遺囑深感驚訝，透露出其中受到沉默契約的影響。對艾蘭娜來說，姨媽遺囑所公布內容打臉了兩人對彼此都是特別存在的說法。艾蘭娜被煩亂情緒包圍，忽略了所背負的沉默契約重點：這和金錢沒關係，和她具不具特殊意義也沒有關係。**她和姨媽的沉默契約是這樣：你幫助我是因為我們之間有特別的維繫及互相欣賞**。艾蘭娜雖然認同這項沉默契約，但她對遺囑的反應卻顯露她還有其他想法，而她需要承認這一點。或許，在艾蘭娜的沉默契約中還有隱藏條款，像是：**我們之間的特別維繫會透過留給我的錢財中顯露出來**。但是，怎麼會這樣？艾蘭娜在照顧克萊拉姨媽的當下和以前，都完全沒想過姨媽的遺囑。但是，沉默契約就是這樣，可能多年來一直深埋其中，一天突然浮現，就讓人深受震撼。

解除沉默

通常，當家族成員去世時，舊時的傷痛恨意、未解的衝突都會浮上水面，加劇失去親人的問題。艾蘭娜在得知姨媽的遺囑之前，一直很滿足她在姨媽最後歲月的角色，但了解遺囑內容之後，艾蘭娜覺得未受讚賞，心中很受傷。然後，做了以下針對協助克服喪親之痛的人而設計的訓練之後，她終於覺得舒坦。如果你也有同樣的狀況，回答這些問題可能對你也有所幫助，嘗試用簡單明確的說法，回答問題。

- 我從這段關係得到了什麼？
- 我為這段關係付出了什麼？
- 這段關係有哪個部分對我已經結束？
- 這段關係有哪個部分對我還在持續中？
- 在所愛的人已經離世的現在，我對這段關係有什麼期望？

● 我的期望是怎樣遭受挑戰，我對此有怎樣的感覺？

艾蘭娜的回答可能像這樣：

● 我從這段關係中得到了無條件的愛、陪伴、人生道理、樂趣、感激和一種特殊感。

● 我對這段關係付出了時間、陪伴、無條件的愛、照護和感激。

● 陪伴、時間、樂趣、照護和特殊感對我來說，已經結束。

● 對克萊拉姨媽無條件的愛和感激，以及人生道理，仍在持續當中。

● 現在，在克萊拉姨媽離世後，我期望能繼續感受到無條件的愛、感激以及特殊感。

● 當我發現克萊拉姨媽沒留半毛錢給我，我不再自覺特殊或受到感激。

每一個問題都讓你可以集中焦點在痛失對自己意義深重的人士這層面，當摯愛去世，並且伴隨著金錢期望時，焦點常轉移到我們是否有被贈予遺產。重要的是，務必了解這些財務選擇有時並不是在分配這段關係中的重要程度，經常只是表達無聲的感覺、信念和期望。

從今以後

在艾蘭娜進行這項訓練之後，她無法否認，感覺到自己在姨媽眼中是特別的，這對她而言變得非常重要。她的姨媽是女性經濟獨立的典範，這幫助艾蘭娜變得有自信，並且把握機會，打造出成功的事業。但是，不只如此，艾蘭娜已經習慣感覺到自己比起其他親戚，對姨媽來說**更加**特別。這正是為什麼她這麼難以接受姨媽把遺產留給靠不住的表弟，以及姨媽似乎不怎麼常去的一處教會。艾蘭娜檢視沉默契約之後了解到，她期待遺產能反映出她在克萊拉姨媽心中的特殊地位。當她了解到，是自己把錢財編入這段其實是非常特別的關係情景之中，她便感覺好多了，並且撤銷了自己的沉默契約。

你可能沒有在等著看最愛的親人離世時，是否會在遺囑中留遺產給你；但是一定經歷過跟家人或朋友的財務往來，而其中經常涉及沉默契約。例如說，你的沉默契約可能會表現在借錢給你或跟你借錢的朋友，不肯搬出去也不分攤家計的成年孩子身上，或是離婚的配偶、「有趣的爸爸」，以及被寵壞的孩子要你買你負擔不起的奢侈禮物等等。或許你的沉默契約和好朋友對於借貸的觀念不合，像是對方在你「借出」錢時，期望你不會真的要他們還錢。而儘管你經常抱怨成年的孩子不搬出去，你是否可能也跟他們有著共同的沉默契約？在這種狀況下，你們可能全都默認只要他們留在家，表現得像大小孩，家中就沒有人（包括你）必須面對變老的恐懼。至於前任配偶——你可能要更加深入，必須認同你們兩人可能默許進行了好多年的「最愛的是爸爸還是媽媽？」戰爭。

不管你對自己和他人的沉默契約是什麼，往往正是這些衝突點向你透露了它們的存在。即使並未公開出現爭吵，留意金錢是怎麼進來，又怎麼出去，到誰手中，當中是否另有隱情，都是很有幫助的事。

當出現因為金錢而來的沉默契約時，記住金錢或許是主題，但經常**不是**問題所在。

你的底線是什麼？

關於金錢的沉默契約很容易偽裝成金錢問題或是習慣。如果你可以用讓你感覺安全和自在的方法，管理個人財務狀況，你可能會誤以為你不存在金錢的沉默契約，但別太確定，正如你所已經見到的，對自己、對童年、對父母以及整體生活的信念，全都可能和你處理金錢的態度有關，在人生道路上遇到經濟方面的挑戰時，提醒自己你對於金錢的信念、假設和期望，是很有幫助的。轉變和改變的時刻，可能會讓你正面迎向自己的財務決定，以及底下的沉默契約。結婚、換工作、生小孩、買房子以及退休，在這些人生的關鍵時刻，你對金錢的沉默契約都可能出現。了解自己對金錢的期望和假設，在這些必然涉及金錢的重要時刻，是很有用處的，一旦意識到這些，屆時只要仔細觀察，便能水到渠成。接下來的問題將給予你如何進行的一些想法。

我對於金錢的信念

我什麼時間開始有這樣的信念？
我有什麼和這個信念相關的回憶？
這個信念的效力如何？
是否有其他的方式檢視它？

我對於金錢的假設

我的假設有怎樣的根基？
我怎麼檢視這些假設是否合理？

我可以請教誰？我怎麼測試它？

如果假設為真，我對它有怎樣的感覺？

我對於金錢的期望

我的期望是否不切實際？

現實和我的期望的符合程度？

為什麼或為什麼不？

以這些問題做為指引，將會發現不管自己怎麼處理金錢，都有其幕後故事。性格形成期和金錢的經驗，會遍及貫穿我們的生活，會成為觸發點或爭論所在。因此，沉默契約必然會在這些領域出現，影響我們處理金錢的態度，以及涉及金錢時與他人的關係。但是，我們用不著受金錢或與其相關的沉默契約擺布。花費一些工夫探究沉默契約，我們就可以脫離舊時習慣、信念和期望，跟金錢以及跟受到我們如何處理金錢影響的人們，建立更加健全的關係。

第五章

關於承諾的沉默契約

「約翰不想要婚姻，所以他們分手了。」

「麥可是那種無法只安於一個女人的傢伙。」

「我認為崔西雅不會跟凱文同居，因為她有承諾恐懼症。」

聽起來熟悉嗎？

害怕承諾擁有許多偽裝面貌。比方說，我們全都認識連續換伴者，他們和一個對象保持幾年的浪漫感情，在對方要求更多後便立刻抽身。另外還有短期的連續換伴者，這種人的交往關係通常頂多持續幾星期或幾個月，然後總是會有這段關係無法繼續下去的「好」理由。當然，還有完全不想尋求真正關係的人，只是喜歡追求、征服，然後迅速離開。

涉及至少一名逃避承諾者的交往關係，其中通常伴隨著沉默契約。但是躲避承諾這種情況，當然並不只限於愛情領域。你可認識連續轉職者？這種人找到新工作後，只做了相當短的時間，就會離職，他們會指稱「老闆不可理喻」或「工作沒有成就感」，因為不斷換工作，妨礙了他們的職業晉升，但是他或她卻不承認兩者有關聯。另一種連續轉職者是擁有無數創業點子的人，不斷轉換在各種計畫之間，卻在新創事業準備啟動時和事業夥伴鬧翻，這兩種逃避職業承諾的類型，都涉及了沉默契約。

沉默契約也會出現在固守職業的人生之中。對於在小隔間工作了二十年，心中卻一直渴望擁有辦公室的女人，她所出現的是不同性質的承諾問題，沉默契約使她一直困在那張椅子上，因為默認不做出任何違抗公司的行動，所以她不願致力於實現夢想所需要的企圖心和堅決行為。在這些情況中，沉默契約阻撓了人們對目標、職業或另一個人做出承諾。

人們逃避承諾有許多原因，而恐懼是最大的理由——恐懼不稱職、恐懼變得脆弱，恐懼沒有防備，還有恐懼個人的不足。因為對於維持關係的困難度，以及它對我們的種種要求，有了先入為主的觀念，同時也因為在意對方是否真是「真命天子」，使得我們迴避承諾。另外，我們逃避承諾還因為我們告訴自己的故事，指稱承諾所代表的真正意義。沉默契約通常在這種抵抗的核心，而好消息是，只要努力採取更為有益的溝通和行為，人們是可以改變自己的模式，這種承諾需要勇氣，但這將通往更有成就感的人生。

我們可以藉由分辨下列三種承諾，以闡明沉默契約在承諾領域所扮演的角色：

- 對觀念或思考方式的承諾
- 對想要擁有的關係形式而來的承諾
- 儘管有種種挑戰，對特定人士的承諾

這三種類型經常重疊，然而，當你一一探究，就可以確認自己對於承諾的最重大沉默契約所在。

對關係觀念的承諾

鮑勃挺拔帥氣、大膽無畏、有趣迷人，是典型的萬人迷。他目前的女朋友妮娜是個聰明積極的年輕女子，她漠視他到處撩人的行為，也原諒他偶爾的出軌。她告訴自己，這是和如此搶手男性在一起所要付出的小小代價。她因為他的背叛行為而受到傷害，卻認為假以時日他就會改變，他選擇她的這件事仍讓她覺得自己很特別，因為她相信許多女人都想擁有他。

鮑勃不斷告訴妮娜，她是「唯一對他有意義」的女人，這也強化了妮娜這種自覺特別的感覺。他珍惜她的忠誠，因為他也有想要覺得自己很特別的深切需求，而他用無止盡的撩人調情來測試妮娜的忠誠強度，他並不怎麼在意妮娜偶爾的抱怨，因為她總是會原諒他，暴風雨總會過去。

經過兩、三年這樣的日子，妮娜開始懷疑這段關係能不能或是該不該持續下去。然後，鮑勃再次劈腿羞辱了她，她決定該是離開的時候了，鮑勃相信她是無論如何都會一直愛他的女人，但是她的不滿顯而易見。他害怕她會真的離開，所以便出乎意料地向她求婚，儘管妮娜的本能對此遲疑，卻相信鮑勃願意給予承諾，表示兩人關係有了新方向，所以她還是答應了。

最後故事的走向毫不意外，前幾個月，共築的新生活讓他們飄飄然——搬進新家、裝潢，並且以新婚夫婦的身分招待朋友。然後，鮑勃開始單獨外出。剛開始，他只是「和朋友閒晃」，後來進化成深夜返家，最後更是沒有任何解釋直到清晨才回家，妮娜逮到他說了幾次謊，也表達了她的怒氣和挫折。他持續在兩人外出時，當她的面和其他人打情罵俏，她也持續抱怨。沒多久，兩人都不再自覺特別；事實上，他們最後皆以悲慘收場。

探究其中的沉默契約

鮑勃和妮娜的故事為將「承諾關係做為**觀念**」的兩個人，提供了典型的例子。鮑勃的觀念是，婚姻將會穩固妮娜對他堅定不移的愛情。對妮娜來說，婚姻意指鮑勃會成為一個忠實的伴侶，只專注在她身上。問題是，這些是他們**對於婚姻**的假設，這樣的觀念和兩人真正關係中的事實不太相像。記住當鮑勃求婚時，妮娜已在仔細考慮要離開他。這是非常明顯的暗示，就連**她**的忠誠感覺也逐漸消失，況且鮑勃向她展現過，他不是那種會對妻子忠貞的男人。他會慎重，而不是忠實，她也心知肚明。兩人對於讓他們結婚的沉默契約，維持強大的承諾：**兩人都默認，只要他們保持關係，兩人的結合會讓他們感覺到特別，**這是他們難以獨自得到的感覺。

看到兩人的故事，你可能會問，鮑勃到底想不想結婚？他想要成為人夫嗎？可能不想。事實上是，鮑勃和妮娜結婚，因為這樣才不會失去她，他無意改變自己的行為，他喜愛調情和出軌所帶給他的快感，妮娜的容忍讓他相信自己對她真的很特別。他「承諾」跟妮娜結婚，卻從未承諾給予妮娜認定的一切，就是他的「我願意」表示他終於成了忠實的伴侶。在等式的另一頭，妮娜不打算實現鮑勃認為她會無條件愛著他的無聲期望，因為她**真的**有條件；其中一點就是他必須停止出軌。因此，她給予承諾的對象是「關係」的這個觀念，是一個她**想要的**丈夫，而不是她真正擁有的丈夫。

解除沉默

從哪裡著手？該說什麼？

如果你曾經處於這樣的狀況，鮑勃和妮娜的故事可能有助你了解這段關係無法這樣子持續下去，兩人都嘗試取得對方無法提供的自我特殊感，他們需要釐清怎樣自行擁有這樣的感覺，並且從這樣的責任中釋放對方，就跟對我們大部分人一樣，只要他們可以欣賞自我價值，對於這段關係的看法就比較不會扭曲。屆時，鮑勃可能會停止撩妹和外遇，因為他不再感覺有此需要。雖然鮑勃擁有不少優秀特質，也不管他是否會停止調情和出軌，這段關係可能還是會結束。妮娜可能決定自己寧可找尋較為務實的人，比較不浮華、比較不會倚賴來自其他女人注意力的人。但是，兩人當然不能繼續目前的心態，又指望能夠快樂，所以既存的沉默契約必須移除，而這是關於經年累月的怒火、猜疑和痛苦。

所以當處於這樣的關係，而且兩人都想要修復彼此不是完全認可的事情時，該有什麼打算？你們需要花時間好好進行一場誠實直率的對話，討論婚姻對雙方各自的意義，討論各自的期望，以及想要如何展開共同的生活。在這個案例中，妮娜必須斷然表明，調情和出軌必須停止。鮑勃需要老實回答，他是否願意或是有沒有辦法做到這件事。他也需要表達，在他心目中「無論如何都會愛著他」的真實面貌，妮娜需要決定自己能不能或想不想成為這樣妥協的一部分。如果他們可以認同所謂的關係就是他們真正想要，同時是兩人可以充分給予承諾的東西，他們就可以調整妥協，藉以支持一段健全且持續的關係。在此，兩人會對彼此、對將會基於事實而打造的新關係，給予承諾。

先不論兩人是否想要維持婚姻，他們是接受夫妻治療的絕佳人選。但是，即使在展開治療前，他們還是可以先嘗試自行溝通，就運用貫穿本書的典型對話開場白：

一、我覺得……

二、對我來說，結婚意味著……

三、我覺得很受傷，在……

四、我認為我一直逃避談論此事，是因為……

五、我想要……

六、從現在開始，我希望……

接著，他們可以試著用下列的說法，表達他們努力想要了解對方的感覺和想法：

一、我可以了解你為什麼會這麼想。

二、我懂你的意思。

三、我一直不知道你會有那種感覺。

四、我會努力想像這對你會是怎樣的感覺。

五、我知道你……

他們也可以用這樣的問題，來尋求對方的想法和感覺：

一、你對此有什麼想法？

二、這件事讓你很訝異嗎？

三、你覺得這樣有道理嗎？

四、你可明白為什麼我們無法繼續這樣子下去？

五、是否有我們可以取得共識的中間地帶，你願意我們尊重彼此不同意見，和平共存嗎？

從今以後

在這案例中，妮娜和鮑勃都需要嘗試發展出抽離這段關係的自我價值和特殊感。這是心理治療和諮詢可以協助的地方。很有可能來自過去的沉默契約已悄悄啟動，妨礙了他們自行解決此事的能力。他們尋求外在的肯定，而這是個錯誤。如果你把自己的價值連結在另一人的意見和行動上，當對方不再支持你，會發生什麼事呢？當他或她消失或背叛你，又會發生什麼事呢？

妮娜和鮑勃受到兩人帶進這段關係的舊有**無聲**期望影響，所以從現在開始，他們需要非常誠實去檢視這些期望，了解可以如何調整好讓他們擁有不同的未來。如果兩人離婚，他們可能會發展新的關係，而為了讓新的交往關係能夠健全，兩人需要更能自我認知以及了解，可有無意識中帶進新關係的沉默契約。而且為了未來可能有的結合，他們都必須成為更好的溝通者，這可以藉由和新伴侶談論他們的無聲期望來做到。人們經常認為，談論關係中的異物和現實，也就是**條件**，會破壞感情。但事實上，這才是最好的辦法，可以確認你和伴侶是進入同樣的關係，而非對此抱持兩種不同幻想。

值得一提的是，有些夫妻選擇留在不貞成常態的關係之中。而往往是因為涉及文化、宗教以及／或是社群約束，導致出現這樣的選擇。當雙方在婚姻觀念的要素中，有比起忠實更加重視的東西——像是社群中的地位或是經濟穩定——兩人可能就會決定維持婚姻，儘管關係中欠缺忠貞成分。這樣的夫妻經常會找到維持在一起的方法，同時又默認犧牲個人的滿足，以支持他們和其他人保有的婚姻觀念。對妮娜來說，不貞絕非協議的一部分，不管是對鮑勃或未來的伴侶，她都需要非常清楚表明這一點。

這兩人看起來像是機能失調和不成熟的戲劇化案例，不過就某些方面來說，他們代表了可能出現在任何婚姻底下的基礎。儘管你們可能同時說出婚姻誓約，你和配偶卻往往不是真的同時或以同樣的方式**成婚**。也就是說，有時候在充分信守婚姻承諾的能力上，你們其中一人可能會跟不上。同樣的，兩者對於婚姻制度的想法可能也不會完全符合。當個人的沉默契約塑造了承諾的觀念，而你們的想法又無法同步，最後可能會覺得你和配偶所承諾的並不是同一個婚姻。

對關係的承諾——職場篇

馬克和傑瑞米

有時候，個人之間的首要承諾是在於關係本身，你們或許在乎對方，互相尊重，卻也可能有一種特別的關係**應當**怎樣的想法。這種類型的承諾中，不管關係是否理想、甚至是否健康，主要連結的是關係本身。當在職場有了這種對於關係的承諾，有時可能妨礙了發展事業的能力，傑瑞米就是當中很好的例子。

在傑瑞米就要成為大學新鮮人之前，他替馬克擔任實習生，馬克開了一家公司，後來也成了傑瑞米的老闆。馬克注意到傑瑞米個性成熟、工作努力，所以邀請傑瑞米暑假回來替他工作，等傑瑞米畢業後，更給了他一份工作。傑瑞米滿懷感激，以辛勤工作來證明馬克慧眼識英雄。多年來，馬克一直說：「我們要一起做出大事業。」這樣的肯定更加鼓舞傑瑞米努力工作，也讓他有了回報。他在公司節節高升，公司甚至付學費，讓他唸研究所。

過了幾年，傑瑞米想要自己出去闖蕩，或許自行創業。當他透露這個想法時，馬克卻揮手駁回。「不需要考慮。」他說：「你在這裡做得很好，我們會一起讓這事業飛黃騰達。」但是，傑瑞米對自己卻有不同想法，並且開始和研究所老同學商量共同創業。

當馬克聽到傑瑞米的計畫時，對傑瑞米說他非常失望，而且覺得被背叛。儘管如此，他還是對傑瑞米開出了加薪、新頭銜，以及可以在新成立的子公司工作的機會。傑瑞米非常困惑不解，不知道該怎麼辦。

探究其中的沉默契約

傑瑞米和馬克有一個共同的沉默契約，就是可以互相信任，對彼此永遠展

現職業尊重和堅定不移的支持，馬克在他的沉默契約上還有一個額外條款，他指望始終不渝的忠誠，只是這並不在共同協定上。久而久之，他們對彼此的投入更多，傑瑞米對離開公司的感覺很複雜，因為馬克對他來說已經有如父親，他深深感謝馬克為他所做的一切。對馬克來說，這段關係一樣重要，他在傑瑞米身上見到了自己，馬克致力協助這個年輕企業家善用他的職業，更老早就期盼傑瑞米可以成為他的接班人，成為一個值得信賴並且延續他的事業的人。

解除沉默

從哪裡著手？該說什麼？

兩人對彼此關係的理解和承諾有很多相似之處，這項沉默契約的各方面多年來也運作得很好，兩人的相互尊重和支持便證實了這一點。然而，就目前的狀況，這個關係對雙方不再管用，所以他們需要承認，公司給予加薪、職務和機會的做法，並沒有解決兩人沉默契約的核心問題：情況已經改變，該是讓傑瑞米單飛的時候了。

當關係涉及工作和生計，處理其中的沉默契約就顯得複雜。在展開澄清誤會的對話之前，我們建議按照下面的方式來做好準備：

一、對於換工作的機會和阻礙兩方面，寫下你的想法和感覺。

二、和值得信任的良師討論這個狀況，對方要能替你設想，同時也了解職場上的問題。

三、和家人或非職場認識的人討論這件事，他們可能了解你所帶進關係的模式，或許可以協助你了解為什麼你對關係的承諾，會讓這個決定如此困難，專業指導對此可能也有助益。

按照這些步驟，就可以深入了解這個狀況，轉移你不斷告訴自己有關這場關係的故事。有時候，這些用來揭露沉默契約的對話可能產生變革，但如果你沒有對直率坦白的對話做好心理準備，它們也可能會變得很激烈，讓人痛苦。所以，和同事展開這種敏感的對談時，先給他一些預告，事先演練這個主意也不壞。為了有助於解除沉默，你或許可以運用以下的開場白，先自行練習：

一、我很感激……

二、對我來說，這段關係意味著……

三、我期望……

四、我想我一直迴避談論這件事是因為……

五、從現在開始，我希望……

在對話中，試著帶有情感，採取肯定對方感覺和想法的回答：

一、我可以了解你為什麼會那樣想。

二、我懂你的意思。

三、我之前可能應該更清楚表明。

以這樣的問題尋求對方的想法和感覺時，確認雙方了解彼此立場也很有幫助：

一、你對此有什麼想法？

二、你覺得這樣有道理嗎？

三、你覺得我們可以解決這件事嗎？

從今以後

對馬克和傑瑞米來說，這項共同承諾中有雙方都重視的部分，他們可以藉由這個共通點，建立更有彈性的方法來表達並維持兩人的承諾。而且誰知道呢？或許，在傑瑞米追求個人事業目標時，兩人能夠以其他方式成為夥伴。同時，馬克也可以享受一種美好感覺，知道自己對培育企業新世代有了極大貢獻。

在你自己的工作關係中，類似的努力也可以帶來正面的結果，找出並且談論過自己的沉默契約後，就有辦法維持一種對每個人都有用的承諾。一旦坦率揭露工作關係中未說出口的期望和假設後，就有更清楚的途徑可以了解，為了讓雙方茁壯成長，這個承諾需要有怎樣的面貌。

對關係的承諾——愛情篇

吉妮薇和蘭斯

有時候，情侶對於彼此關係的承諾是基於對這關係非常清楚的認知，而不是對它現在或未來的想像，就像非常不快樂的夫妻「為了孩子」而繼續在一起所顯示的一樣，他們的互動是否健全，並不是其中的核心問題。儘管個人有種種不滿，但因為婚姻提供了更重要的東西，所以人們往往選擇繼續維持關係，動機可能是經濟穩固、不願擾亂孩子的日常生活，或是厭惡離婚的想法。在其他情況下，承諾是針對讓雙方都感到滿足的關係，無論關係是否快樂、互動是否健康，特別致力於關係的伴侶，可能有著加強維繫的沉默契約。

吉妮薇和蘭斯健全的沉默契約支持了兩人的承諾，儘管彼此都把這段關係視為只是暫時的，兩人都來自美國中西部，在大四時墜入情網，畢業後不久，就一起搬進紐約的公寓。他們在這個大都市享受了兩年的愛情，感受身為年輕情侶的興奮快樂。接著，關於兩人未來那不可避免的問題就浮現了，吉妮薇的家人不贊成她的都市新作風，想知道她什麼時候才會認真安定下來，過較傳統的生活。蘭斯的家族滿是虔誠的已婚人士，更是譴責他居然「不負起責任跟上床的女人結婚」。

雙方家族所不知道的是，蘭斯和吉妮薇無意跟對方結婚，蘭斯愛吉妮薇，但他打算從事一個需要經常出差的工作，他不想在這種距離壓力下，展開婚姻。他也不想在長期外派時，守貞禁慾。吉妮薇也有她的理由，不想讓這段關係走進婚姻，在成長過程中，她一直見到家族中的女性辛苦維持長距離的關係，她不想要自己的人生有這樣的挫折感。儘管她愛蘭斯，但考慮到他不願在和她相隔兩地時獨身禁慾，她不覺得自己會跟他維持長久。

探究其中的沉默契約

吉妮薇和蘭斯彼此默許，在適應紐約生活，並且藉此做為進入大學後人生的跳板時，繼續維持這個關係。這個協定運作良好，他們享受彼此的陪伴，享受在熟悉一個陌生城市，在從大學生成為獨立成年人的種種挑戰中，可以有人相扶持的感覺。而時間一久，歸功於雙方家族的好奇和關切，蘭斯和吉妮薇開始覺得他們應該討論是否要考慮一個包含對方的未來。

解除沉默

對吉妮薇和蘭斯來說，打破沉默相當容易，儘管他們從未讓雙方家族的「多管閒事」把兩人推向不想要的方向；但經過一段時間後，雙方都很清楚，他們應該開始談論未來。幸運的是，兩人的沉默契約配合得很好。在一段長期關係中，往往至少會有一個人想要這段感情無限期延續下去，所以發現另一人不打算天長地久，可能是令人痛苦的一大震撼。有時候，人生某個階段的交往關係可能非常自在有趣，卻從來不曾出現你想要永遠持續下去的滋味，吉妮薇和蘭斯坦率地承認，儘管兩人擁有美妙的關係，卻不想讓它變成婚姻。在兩人遲早會分手的清楚共識下，他們愉快地享受當下，互相協助各自的未來。然後，他們對彼此的家族明確表示，不想再聽到任何關於他們有什麼計畫的問題了。

從今以後

挑明兩人的默認之後，讓蘭斯和吉妮薇在轉換到人生下一階段時，彼此保持親愛的關係。當結束戀情的時刻來到，兩人的關係就昇華成友愛的友情，原本要是他們想要嘗試在一起久一點，是可以討論克服長距離挑戰的策略，考慮一下吉妮薇在時間容許下是否願意隨時和蘭斯同行；他們或許也可以細想，蘭斯能否減少出差的頻率，但既然兩人都坦然接受彼此終究會分道揚鑣，充分了解未來可能會有和不會有的發展，就可以在這段關係中，繼續做為支持對方的伴侶。

你可能也經歷過同樣的關係情況，儘管不曾公開討論，但彼此都精確看出兩人關係的本質，到了準備分手的時候，就比較不會像沉默契約不協調的人那樣戲劇化與棘手。在這些狀況中，默認一致其實是幸運的巧合，但我們大部分的人在長期交往後，是不能指望這一點的，如果能在交往過程中，和伴侶討論此事，確保兩人的默認一致，分手後就可以還是朋友，帶著美好的回憶離去。

對人的承諾

丹恩和克莉絲汀

最後一種人們經常做出的承諾是，對一個人的絕對承諾，沉默契約有時會伴隨這種承諾，而這樣的認可往往和對方代表的意義有關。例如說，這種沉默契約可能基於你對自身的許諾，就是要選擇某種特定的伴侶，以迴避你在成長過程中所目睹的麻煩關係。或者，沉默契約可能讓你維持一個明知已高度功能失調的關係，因為你想藉由讓目前關係可行，以修補過去一個不健全的關係。你可能明白你不喜歡這個人或這段關係，置身其中甚至還覺得痛苦悲慘，但因為你的伴侶代表一種癒合的機會，你就覺得需要留下來。在這樣的例子中，如果承諾是對於個人，而不是關係本身，找出其中的沉默契約往往更具有挑戰性。

有時候，一個人對另一個人的承諾，在關係以外的人士眼中是非常令人困惑的，但關係內的人士卻很容易了解，這些關係可能會讓你說出：「他們真是最不登對的一對。」或是「我不懂他看上她什麼？」克莉絲汀和丹恩的故事就是這種沉默契約的明顯案例。

克莉絲汀和丹恩都是土生土長的紐約客，兩人在大學時認識。他們都是外表正點，喜愛社交的風趣年輕人，於是立刻就受到對方吸引。沒多久，兩人就宣布認真交往中，共度了許多派對酒吧時光，頻繁參加他們大型交友圈的社交活動。丹恩的哥兒們不時會告訴他，他們見到克莉絲汀跟接近她的許多人，似乎跟這個或那個都有點太過友好了。接下來四年間，不斷有謠言說她和這人那人交往，不過丹恩都不理會這些言詞，仍舊表明對她的愛意。

有一天，丹恩三個好友把他找來好好談，表達他們對丹恩女友劈腿的堅定懷疑。丹恩不理睬，只說：「聽著，我知道我認識她的時候，她很愛打情罵俏。老天，我們就是這樣才認識的！總之，我愛她，也想要她開心。沒有證據顯示她遊戲人間，我們很好。」他的朋友沒再提起這件事，卻疏遠了丹恩，他們認為他只是全盤否認，注定會心碎。

克莉絲汀繼續她的花蝴蝶人生，而和丹恩在一起時，總是顯得活潑迷人而且體貼。讓丹恩的朋友驚訝的是，丹恩求婚了，幾個月後，他和克莉絲汀結婚。在婚禮中，丹恩的朋友竊竊私語表示懷疑，而傳言中她勾搭的對象也參加了婚禮！更讓人議論紛紛。

幾年後，丹恩和克莉絲汀有了兩個孩子，搬進新房子。他們建立了仍持續成長的長期堅固關係，和舊時朋友往來時，他們的朋友總是會說，兩人像是天作之合，而且非常幸福快樂。

探究其中的沉默契約

表面上，丹恩像在自欺欺人，和一個無法對他忠實的女人交往。朋友試著警告他，克莉絲汀不適合他；他們不信任她。他們所不知道的是，**對丹恩來說，這段關係的定義是來自他對克莉絲汀的承諾，句號**。他可以忍受她招蜂引蝶和可能的一夜情，他認為這反映了她的人格樣貌，而且他覺得這十分迷人。

她有一點古怪、隨心所欲、精力充沛和風趣。這一切他都愛。**他只想要她，默認接受其餘的一切**，克莉絲汀也參與了這個默認：**在她那方面認定的是，如果丹恩不帶評判，不要求她改變賣弄風情的個性，容許她做自己，她的愛情就只會給予他一人。兩人默認在愛情上，他們會對彼此保持忠誠，同時理解當克莉絲汀不再到處飛舞，他們對彼此的承諾仍舊穩固。**

解除沉默
應該嗎？

當沉默契約運作良好，就沒有非得改變或終結這個協定的理由；如果你們非傳統的安排讓其他人不自在，這不是你們的問題。但是，打破沉默往往還是有其價值。當兩人都清楚你們的界限，清楚可以接受怎樣的感覺，開誠布公可以防止誤會和傷害感情。長期以來，丹恩和克莉絲汀並未討論兩人關係的這個層面，縱使兩人的關係完好無損、相互滿意，坦率談論這些觀點卻也不會是壞事。

有些人可能認為丹恩和克莉絲汀的協定不平等，丹恩不要求克莉絲汀忠誠，是否透露出他不看重自己？如果丹恩曾致力於特定類型的關係，可能就真的是這樣，但對丹恩最重要的是，他對**克莉絲汀**的承諾。儘管克莉絲汀在兩人婚前時，不是完全恪守一夫一妻制，卻仍舊以自己的方式同意對丹恩保持承諾；她同意他是最重要的人，她終究會全部屬於他。

這可能不是健全的沉默契約中常見的觀念，但因為彼此承諾符合，所以在這兩人身上管用。因此，主要受到想和對方在一起的慾望推動，他們得以擁有根據個人真實面貌而來的默認。

從今以後

丹恩和克莉絲汀之間的協定給予他們穩固的基礎，日後，如果因為個人或生活改變而需要調整時，他們或許會決定重新架構協定。他們默認的是，關係是源自對特定人士的相互承諾，這樣的承諾可以非常有效地增強關係。因為，畢竟克莉絲汀最想要的人是丹恩，而丹恩最珍惜的是克莉絲汀，兩人應該會有堅強的維繫。

這種關係往往成為情歌和文學的題材，因為這種對另一人的不渝承諾透露出堅定和安全感，這正是許多人在其親密關係中所期望的事。

對自己的承諾

當你對自己有了一個默許維持的承諾，就同時擊中承諾的三個層級：對人的承諾（你自己）、對關係的承諾（跟你自己），以及對觀念的承諾（關於自己）。這三種沉默契約可能變成處世的強大指引。我們所有人可能都同時有數十個沉默契約，可以協助我們決定人生中的聯繫對象、在家和在職場的行為方式、怎麼看待自己以及努力想要成為的自己。「我永遠不會對我的孩子說謊。」、「我永遠會支持我的朋友。」、「我永遠不會跟心胸狹窄的人約會。」、「我會永遠捍衛自己。」這種沉默契約很正面又有幫助，對於承諾要保持誠實、忠貞、良好的關係批判和自信，誰會爭論呢？

另一方面，我們也可能和包含負面沉默契約的自我承諾同行。「受害的總是我。」、「我永遠賺不到足夠的錢。」、「我需要學會滿足於自身所擁有的。」、「我還是要跟他／她在一起，因為總比孤單好。」當我們致力於這種自身觀念，並在生活中付諸實踐，我們可能整備自己的行為來讓沉默契約成真，我們致力於負面及自己受限的觀念，可能會破壞關係，影響我們的可能性，自己造成自己痛苦。

為了避免如此，我們需要自我梳理，探究我們致力於哪一個沉默契約，確定它們是怎樣出現在我們的人生之中，你很可能已經默許承諾自己、別人或是整體生活的一種觀念，如果你會對自己這樣說：

- 我從未……
- 我向來……
- 我無法忍受自己做出……
- 不管怎麼，我最後都是……
- 事情總是跟我作對。
- 我好像就是沒辦法……

一旦檢視過承諾於沉默契約會怎樣影響生活，就擁有更好位置，可以進行可能需要的改變，摒棄不再適用的舊時承諾，或是保持對你有用的承諾，這和本書不斷描述的過程沒什麼不同。基本上，就是要對自己坦白當初讓你做出這些承諾的原因，探究兒時的舊訊息，寫出以下問題的答案，有助於你進行這個過程。

- 你害怕什麼？
- 你想要掌控什麼？
- 你想要避開怎樣的痛苦？
- 你是怎麼看待自己？
- 你想要怎麼被人看待？

經由這樣的過程，你可以幫助自己對於致力承諾的沉默契約，做出比較好的選擇，有利於產生人生的正面結果。

所有的沉默契約都源自於過去的經驗，以及帶入人際關係的期望，對當沉默契約中強調的承諾是針對關係、針對個人或針對關係應當如何運作的觀念，即使這些沉默契約可能讓不了解這特別安排的外界人士困惑，它們卻往往是用來鞏固這些承諾。不管基於承諾的沉默契約是否主宰了我們對於可接受的行為、極限或其他關係的「規則」，溝通永遠都有助於避免這種當沉默契約不適合時，所可能爆發的痛苦誤解。

第六章

關於家族的沉默契約

只要有家族，就會有手足之間、堂表兄弟姐妹之間、親子之間，孩子和祖父母之間，以及從婚禮、聚會、週年紀念到葬禮的各種沉默契約。有時候，這些沉默契約甚至會傳承好幾個世代。最肥沃的沉默契約培育土壤就存於養育子女的領域，生孩子的壓力無處不在，即使是對已決定不生小孩的深情夫妻也一樣。當然，對於真的選擇養育孩子的伴侶來說，也會有無數的問題和期望。家族的動力能量非常複雜，又非常深入，所以沉默契約往往會在家族關係中發展茁壯。

我們有許多人曾經歷家族功能失調。分居或離婚——這通常包括監護權安排和財務協議，以及情緒上的問題——這影響了數百萬人，即使他們或他們的父母不是實際離婚的人。儘管有無數的指引書籍來協助離婚問題，卻沒有規則手冊，所以當人們在努力解決再婚家族棘手問題的道路上，總是會遇到顛簸。

這些顛簸是許多因素的結果，像是處理損失和離婚的恥辱，還有家族擴展到包括繼父母、繼子女和異父異母手足，再婚家庭往往會為沉默契約的出現鋪好道路。

再婚家庭的教養方式

比爾和丹妮絲

丹妮絲現年三十七歲，擔任當地布道所的志工，這個布道所協助無家可歸的老兵溫飽，而現年四十六歲的比爾，則是該組織最大的捐獻者之一。擔任志工有助於丹妮絲處理身為單親媽媽的壓力，她有兩個年少兒子，孩子的爸爸已離開多年。志工工作同時也為她一成不變的律師助理工作、和社交幾乎不存在的冗長人生增添了意義。比爾是在一個軍人家庭長大，老兵讓他有親切感，所以也致力幫助他們。兩人在布道所的年度募款活動認識，比爾是晚會的主講人。那天晚上過後，比爾就約丹妮絲在餐廳見面，討論兩人可以怎樣齊力促進布道會的目標。兩人立刻感覺到彼此之間的化學反應，決定花更多時間在一起，這對丹妮絲而言可不是簡單的任務，因為她已經快找不到朋友可以幫忙看顧蓋伯和尚恩這兩個孩子了。

丹妮絲和比爾開始定期約會，丹妮絲深受比爾的穩重和有條有理的生活方式吸引，在小孩的爸爸因為吸毒而拋家棄子後，她認為比爾的特質對她和兒子會非常受用。畢竟，他結過婚，把兩個女兒培養成負責任的成年人，擁有成功的人生。

比爾一開始是被丹妮絲自在風趣的態度吸引，她隨心所至，為他的生活帶來歡笑。他們一起散步、一起上教堂，到好餐廳吃飯，顯得非常快樂。兩人都很享受這種不再寂寞的感覺，看到比爾似乎很喜歡兩個孩子，小孩也期待見到他時，尤其讓丹妮絲鬆了一口氣。

在比爾的童年，當孩子一被告知要整理床鋪，會衝進房間，拉好被子邊角，等待寢居檢查。當聽到「開飯！」就會立刻放下一切，坐進餐桌的指定位子，而且絕對不會含著食物說話。在青春期，比爾常睡在門廊過夜，因為知道自己過了門禁時間才回家，爸爸是不會讓他進屋的。當比爾成為父親之後，**紀律**就重於**奉獻**，而且奉獻對象的優先順序是上帝、國家，再來才是家庭。

丹妮絲的成長過程則是非常不同。在她兒時的家庭中，大家都有說話和表達意見的權利，處罰都很溫和，通常頂多只是嚴肅地好好談一談，協助小孩明白自己行為的後果。為人母之後，丹妮絲執行紀律的方式也一樣。她對孩子採用隔離冷靜（time-out）的做法，鼓勵他們反省自己的行為，思考下次可以有怎樣不同的做法。

在比爾和丹妮絲交往的一整年中，他們感覺親密無間，充滿樂趣。他們喜歡打保齡球、看電影，長途開車帶孩子去主題樂園，讓男孩開心地在後座嬉戲。尚恩和蓋伯開始喜歡再度擁有完整家庭的想法，儘管兩人私下還是會想著，親生爸爸是否還活著，他們有可能再見面嗎？

認識一年之後，比爾和丹妮絲在布道所結婚了；兩人都說這一生從沒這麼幸福過。他們正式成為一家人。四個孩子滿心歡喜參加了婚禮，比爾的女兒甚至在兩人前往夏威夷度蜜月時，留下來陪伴兩個男孩。婚禮過後，情況卻開始改變。丹妮絲和兩個男孩搬進比爾擁有三個房間的住家，不到幾星期，比爾就開始抱怨自己原本井然有序的家變得凌亂──玄關客廳都是亂丟的鞋子，房間亂七八糟，水槽一堆沒洗的碗盤。比爾很快就了解到，他和新婚妻子不同的價值觀及優先順序，使他們陷入「好警察／壞警察」的無窮迴圈。同時，丹妮絲的兒子也盡可能躲開繼父，以對抗他執行紀律的做法，隨著家族氣氛愈來愈緊繃，丹妮絲也愈來愈悲傷不安。不安的感覺讓她回想起第一任丈夫的怨言，他把兒子不乖的責任推到她身上，說她是不適任的媽媽，所以他才很少在家。當比爾對她的兒子愈來愈嚴厲，丹妮絲對兩人關係的其他層面產生懷疑，再婚讓兒子進入新家庭難道做錯了嗎？她是不是太快投入太多了？

然後，輔導員打電話來，說是她兒子舉報「因為沒有收拾房間」，自己的背部被繼父狠狠拍打，輔導員說：「社工將會調查這件事。」聽到這裡，丹妮絲的雙手不禁發抖了。

探究其中的沉默契約

比爾相信，嚴格的紀律為他鋪好了道路，讓他從孩子成長為負責任的成年人。他也相信，訂立嚴明界限是表達愛意的方式。在他的人際關係中，他總是扮演掌控大局的人，而且他也扮演好出色的領導角色。丹妮絲相信，培養獨立精神是讓孩子發展堅實自我感覺的最好方法。在她看來，處罰妨礙這種成長，甚至會危損孩子的身心健康。兩人從未溝通教養觀念，考慮到兩者截然不同的教育方式，衝突勢必會發生。**兩人都默默假設，可以隨意採取自認為合適的教養方式，而且對方也會採行類似的方法**。比爾以為對男孩來說，相較於親生父親因為吸毒而不見人影，他的影響是健全的。丹妮絲假設，身為男孩的生母，她才是掌控紀律的人，而比爾會了解他的繼父角色，在她眼中，繼父只是「助理家長」。這種歧異造成日常衝突，使得婚姻關係岌岌可危。

解除沉默

比爾和丹妮絲憤憤不平，但兩人都努力想要挽救婚姻。面臨虐兒指控，事態極度惡化時，他們投身家庭治療，努力學習再婚家庭中的教養之道，希望可以藉此拯救婚姻。

人們選擇用來教養孩子的方式，受到許多因素影響，首先是個人的童年經驗。比爾和丹妮絲可以先檢視自己的童年，坦率思考他們現在對從小接受的教養，是否覺得公平和有效。比爾和丹妮絲沒有發現也沒能適當處理他們的沉默契約，因為兩人對於教養孩子的信念就隱身在各自的成長過程。每當比爾和丹妮絲試著討論小孩教養問題，最後都演變成對彼此父母的微妙攻擊。比爾捍衛他的理念，說儘管自己在成長過程經歷了嚴格規定、呼喊和「嘶吼」，「結果長大後不是還是很好嗎？」而丹妮絲是在開明溫和的養育方式中長大，所以認為「比爾路線」不只現在有害，也會造成潛在的長期危害。

檢視之前關係，並且評估兩人的養育風格是怎樣影響被捲入的孩子，這樣對比爾和丹妮絲也有幫助，或許丹妮絲需要考慮是否要融合部分的比爾教育風格，這樣她的兒子就能夠學會尊重良好的行為界限。鑑於男孩的原始榜樣是一個拋棄他們的毒蟲，他們的生活能增加一個穩重的男性角色相當有益。比爾可以思考，「一體適用」的教養紀律是否合理及健康，使用他當時撫養女兒完全一樣的方式，來教養丹妮絲的兒子是否合適？

從今以後

比爾和丹妮絲相信這樣的治療提供了最好的機會，可以挽救兩人的婚姻，並且打造快樂的家庭生活，所以為四個人預約了家庭治療行程。為了讓治療能夠成功，兩人需要仔細聆聽男孩和對方的想法。這些療程很可能會很情緒化而且痛苦，但如果他們全都決意努力了解對方，並且調整想法，就很有理由可以期待成功。比爾可能會覺得挫折，想捍衛自己，同時也可能憤恨儘管在教養孩子無法得到同等的發言權，他還是必須容忍和他信念完全不同的紀律形式所帶來的後果。他也需要學會如何重新贏得繼子的信任，丹妮絲必須拋開因為孩子被生父遺棄而來的罪惡感，同時必須對自己坦承，這樣的失去是怎麼讓她在教養方面變得太過寬容。她需要學會成為一個有效的紀律執行者，在做不受歡迎的決定時，不要害怕兒子的怒火。簡單來說，丹妮絲和比爾都需要往中間靠攏，這樣才能更清楚地互相聆聽，展現一個慈愛公平的團結教養陣線。

如果你發現自己處於比爾和丹妮絲這樣的再婚家庭情況，可以問問自己以下的問題，來協助你著手釐清狀況。

自助課程

給予明確答案，提出例子

- 我願意修正多少我所抱持的父親角色和母親角色的觀點？
- 我是否願意改變對於親生孩子或繼子所採取的紀律方式？
- 放棄管控會是怎樣的情況？這對我有怎樣的影響？

繼父母方面

- 我要怎樣才能放開身為繼父母的掌控，改由親生父母來負責一切呢？

親生父母方面

- 我要如何維持控制紀律，同時又能讓繼父母有發言權？

再婚家庭可以是非常快樂的單位。如果你目前就是其中一分子，或是準備加入，請盡快盡全力檢視你潛在的沉默契約。這將給予你的家人坦率溝通，並取得整體成功的最好機會。

非傳統角色，顛覆期望

米格爾和瑪莉莎

米格爾和瑪莉莎都是律師，年齡進入三十後半，兩人一直等到各自事業有成才結婚，他們證明彼此是絕佳的夥伴，互相協助對方畢業、建立事業，並且信守關係的承諾，兩人的關係可說是彼此所知道友情和愛情的最佳結合。結婚兩年之後，瑪莉莎生了一個女兒，十五個月後，再生了一個兒子。撫養兩個幼兒，加上繁重的事業，米格爾和瑪莉莎有好多事情要忙，精力充沛承擔一切。

米格爾熱衷社會正義和住房權的議題，儘管身為社區型組織副主任是對於低收入社區相當重要的工作，但他的薪水卻沒有反映出他的辛苦和能力。不過，瑪莉莎和米格爾兩人都對他的成就和奉獻精神引以為傲，兩人有一個共識，就是米格爾對工作的熱忱遠比他帶回家的收入重要。

另一方面，瑪莉莎任職一家赫赫有名的財務公司，最近剛被升職為主任顧問，她接下來的目標是成為VP[4]。米格爾很高興瑪莉莎升職，儘管她不斷加班，還得去外地出差。自從他們的孩子誕生後，瑪莉莎更是在家和職場之間設法當個女超人，但是太多需求帶來的壓力慢慢浮現。兩人在交往關係初期，就已誓言絕不雇用家務助理，而米格爾也盡力協助家務。瑪莉莎的媽媽之前當別人家的幫傭，一直很難過沒有時間好好照顧自己的孩子，瑪莉莎和米格爾希望由家人來協助照料孩子，於是用分享兩人美麗寬敞的褐石住宅做為回報，他們的家就成為其關係緊密的家族的聚會中心。

但沒多久就發現，米格爾對孩子和家務的努力，顯然沒能達到瑪莉莎的標準。她抱怨他洗衣服不分顏色，碗盤經常堆在廚房水槽沒洗，而洗澡和就寢時間更是毫無章法。聽了瑪莉莎抱怨好幾個月後，米格爾氣呼呼地對她說：「我放棄了，全讓你做！」瑪莉莎稍微體會了成為超級媽媽的重擔，很快就了解到該是處理兩者之間真正問題的時候了。

探究其中的沉默契約

瑪莉莎問米格爾當他說：「全讓你做！」，是否是真心的，米格爾局促不安地承認，他一直暗自希望如此，儘管知道這樣並不公平，他卻一直想像妻子會設法承擔傳統家務。**他默許在撫養子女和家務事上協助瑪莉莎，卻假設他的幫助只是輔助，因為她會負責他們生活的家務。瑪莉莎要為自己的沉默契約負責，她承認她因為一個人實在做不完，才想要米格爾的幫助，但她才是掌控大局的人，尤其是在養育子女的方面。所以，儘管兩人都默認瑪莉莎會負責一切，瑪莉莎可沒有簽約說一切都由她來做。**

解除沉默

儘管這樣的對話並不容易，米格爾和瑪莉莎雙方都必須攤開他們的失望和不相符的期望，同時拿出勇氣溝通，要能坦率，不怕受傷害。瑪莉莎必須接受成為家計主要維持者對她意謂著什麼樣的責任，同時自豪能夠做出如此重大的貢獻。一天晚上，她的兒子便肯定了她的辛勞：在幼兒園的親師會中，老師提到孩子在點心時間聊到「大家的媽媽會做什麼」，大部分的人都回答會做杯子

4. vice president，在美國公司中，VP是總裁底下第四級主管，大約相當於台灣的襄理層級。

蛋糕或餅乾，但是曼紐爾卻誇耀：「我媽咪會賺錢！」瑪莉莎和米格爾一路笑到家。

米格爾開始為自己以養育者和計畫者的身分，來照顧家人的事實引以為傲。身為傳統波多黎各原生家庭的唯一男孩，以及身為朋友之間，唯一分擔配偶家務的人，米格爾必須把自己重新定義成現代類型的爸爸。瑪莉莎透露，在她媽媽始終忙著照顧別人家孩子的情況下，自己始終很寂寞，這樣的告白讓瑪莉莎得以直率承認，媽媽無法掌控自己的生活，使得瑪莉莎有了想要取得掌控的強烈需要——她要掌控人生的每一層面。米格爾對妻子的新認識，幫助他更能諒解瑪莉莎有時候身為人母的專橫行為。而瑪莉莎對米格爾分擔家務的工夫，產生了新生的敬意。現在，她明白他雖然很難克服想要有個超級妻子的願望，卻仍試著成為一個盡心盡力的丈夫和爸爸。米格爾必須適應瑪莉莎為家裡賺得的收入遠勝於他，他協助家事是雙方取得均衡家庭生活的關鍵，他們開始致力實踐一個重新定義兩人親職角色的新協定。

從今以後

最後，他們可以按照對彼此都實際愉快的方針，來分配養育任務。到後來，就連孩子也被指望要去計畫特殊的家庭日，瑪莉莎喜歡規劃假期，而米格爾享受負責體育活動。瑪莉莎出差的期間，她會利用科技進行每日視訊、床邊故事，更加參與孩子的生活，但是避免給予米格爾她不在家時的教養指示，對於兩人角色和貢獻價值有了清楚的新領悟後，他們開始享受更多的家庭時光。

兩人的情況提供了一個絕佳的案例，讓人了解配偶如何成為彼此沉默契約的共同所有人，這通常需要雙方合作，當瑪莉莎明白指出沉默契約所製造的麻煩，她就打破了彼此都得負起責任的沉默，可以各自或共同檢視沉默契約，決定要是真的存在默認，那有什麼部分是你們想要保留，又是哪一部分寧願丟棄或是調整。

自助課程

如果你認為你和配偶遇到基於親職的沉默契約，考慮以下的問題協助探索。

● 你可願意改變自我模式，以協助均衡家庭責任？
● 對於為人父母的角色，你願意檢視並轉變多少既存的觀念？
● 你能否想見對你們兩人來說，更好的親職典範應該是怎樣？
● 什麼事情會有所不同？你們兩人對這新典範會做出怎樣的貢獻？

我是比較好的爸爸／媽媽

雅麗珊卓和李

雅麗珊卓二十歲時和年長十歲的李結婚，她總是保持笑容，顯得輕鬆愉快且懂得人情世故。她來自飽受戰火蹂躪的克羅埃西亞，生於貧困，但她努力出人頭地，不只認真課業，學科和藝術表現出色，同時辛勤訓練發展她傑出的歌唱才能。她參加地區合唱比賽，而歸功雅麗珊卓兩段精采獨唱之賜，她的學校拿下一項國際合唱比賽冠軍。沒多久，義大利一家遊輪公司的代表前來接洽，希望她在公司的洲際巡航中演出。雅麗珊卓畢業當天就前往義大利，不再回首過去。

李很會掌握時機。在美國一家頂尖大學取得MBA之後，便自行建立了創投公司，證明自己是個閃亮的新星。他答應父母搭遊輪慶祝結婚三十週年，在這段休假旅程中，他在遊輪的休閒廳遇見了雅麗珊卓，李深受雅麗珊卓的歌聲、美麗和優雅吸引，表演結束後，他立刻前往舞臺自我介紹，兩人扣人心弦的戀愛過程就此展開。雅麗珊卓欣喜能跟真實生活的白馬王子相戀，他帥氣、高雅，富有教養，而且對雅麗珊卓來說，他是個真正的男人——完全不像在船上到處撩妹的男孩子。他和父母關係親密，更讓她難以抗拒，關係緊密的李家人很快就接納她，幫助她填補心中被戰爭撕裂的傷口。

兩人經歷短暫的戀愛交往就走進了美好的婚禮禮堂，隨後前往義大利的里維耶拉度蜜月。他們接下來搬到華爾街附近一間奢華公寓，舉辦讓賓客可以遠眺自由女神像的高雅派對。他們共度的人生令人嚮往，雅麗珊卓和城中友人到時髦商店和咖啡館逛街用餐，朋友對她的婚姻生活羨慕不已。在婚後第二和第三年，雅麗珊卓生下了兩個孩子，先是女兒，接著是兒子。接著，股市崩盤改變了他們的財務狀況；豪華派對和隨意購物的日子不再，婚姻跟著瓦解。結婚九年後，他們離婚了，應付孩子學校作業、家事、採買和永遠不夠的家計預算，佔滿了雅麗珊卓的生活。在少女時代的種種夢想中，她完全沒想過自己會變成單親媽媽。

在婚姻結束以前，雅麗珊卓的角色一直就是打扮漂亮，維持這段關係的興奮刺激，計畫兩人的社交活動。她從不曾付過帳單，也從未讓自己熟悉家裡的投資配置。從付帳單、出資精緻度假屋到管理所有的投資業務，往往全由李一手包辦。畢竟，李是家計提供者，這讓他暗自覺得安全，覺得仍掌控自己的世界。雅麗珊卓截然不同：她知道如何藉由款待和李相同社會地位的其他人士，跟他們社交、旅遊來享受自己的人生。她陶醉在成為眾人注目的焦點，同時也了解她的魅力和世故對丈夫社交生活的價值。但隨著歲月流逝，她暗中對於她和李不再擁有早年那種樂趣和浪漫，感覺失望。

雅麗珊卓一面渴望著往日關係的興奮刺激時刻，同時開始找尋讓自己開心的方法。剛開始，購物填補了空缺，再來沾染上賭博，最後是大膽和李的朋友外遇。然而，她還是感覺空虛。李認為雅麗珊卓毫無責任感，以自我為中心；而雅麗珊卓則認為李愛挑剔、好評判，而且壞脾氣。他們經常在小孩子面前貶低對方，各自深信對方是低劣的父母。最後，他們終於開始打離婚官司，爭奪監護權。但是爭執並未隨著離婚結束，兩人經常的爭吵和互相鄙視已在孩子心中造成創傷。

探究其中的沉默契約

當兩人關係開始惡化，李不再像是彬彬有禮的騎士，雅麗珊卓也似乎不再是那個醉心欣賞白馬王子的舞會之花。他們過去共同持有一個**沉默契約**——**李是偉大的保護者及需要負責任的人**，但現在他們離婚了，雅麗珊卓身為監護人，承擔了較多責任，所以這個沉默契約不再有效。

在爭奪監護權的期間，李不認為雅麗珊卓會是好媽媽，能像他那樣照顧和保護孩子；雅麗珊卓則是把李看成輸不起的人，認為他變得充滿負面想法，過度挑剔。李批評雅麗珊卓縱容小孩，而她認為他討人厭、管太多。兩人都相信自己才是較好的爸媽，他們尖酸憤恨的行為開始損及孩子的快樂。

解除沉默，從今以後

必須成為「更好的爸媽」的沉默契約，滿足了我們的自我主義，卻也總會適得其反。孩子對父母的愛往往不是基於什麼表現統計，而是父母展現無條件親情的能力。大部分的孩子終究會了解父母的優點和缺點，但儘管有種種缺失，卻還是愛著他們，只要李和雅麗珊卓持續陷在各自的幻想角色中，整個家庭都會為此受苦。

監護權爭奪戰付出了重大代價，結束之後，幾乎沒有人是贏家。孩子多數時候看起來都很緊張悲慘，使得與這場爭奪戰關係密切的親戚友人深感憂慮。就是在這段期間，祖父母開始關切雅麗珊卓和李的不斷爭吵，以及這種問題對孩子造成的影響。幸好雅麗珊卓把當時的注意力放在她的新事業，對生活的感覺開始好轉，便同意和公婆及李見面，討論他們關心的問題。她接受兩人的目標應該是要做好致力孩子幸福的共同親職。有時候，人有所轉變，關係也會跟著轉變。李了解到，對他們來說，為了孩子齊心協力，才是最重要的事。李和雅麗珊卓甚至同意讓孩子接受一名受歡迎的學校輔導員支持。

雅麗珊卓對自己的長期默認也需要修正，她必須認可自己永遠不會再像苦難少女那樣思考，她發現窮困和早期的心理創傷，使得她把自己當成需要男人解救的女孩。不過，新發現到的獨立和自信讓她成為全然不同的媽媽，她可以聆聽李，認同他提供了有用的想法甚至是智慧。

李必須正視一個事實，自己並非是一個經由贏得的財富、賺取的金錢多寡，以及所能拯救的女人來決定價值的超級英雄，婚姻失敗所感受到的脆弱感，讓他心生謙卑，使他可以認真檢視自己的人生，尤其是離婚期間自己的行為態度。最後，他了解到，真正重要的是，他是個深情慈愛的人，願意為了孩子全力以赴。

自助課程

對於因為離婚，需要修正沉默契約，並且承諾日後要盡可能創造最正向局面的父母來說，下列問題將會很有幫助：

- 如果孩子跟傷我至深又讓我失望透頂的前任伴侶，建立起正向關係的話，我害怕會發生什麼事？
- 為了孩子的幸福，我願意改變對另一方的看法到什麼樣的程度？
- 我願意用怎樣的方式改變和前任伴侶的關係並且採取必要步驟，讓共同親職更有效率？

- 我究竟可不可能拋開對前任伴侶的辛酸怨恨？需要怎樣才能做到？
- 我是否有尋求支持的資源，來協助我在身為單親家長時取得平衡呢？

對於離婚中的伴侶：

- 我們兩人是否有勇氣承認，導致婚姻破滅的各自責任，並且告訴孩子，這件事我們**雙方**都有份？
- 在孩子面前，我們能否能有正向的對話？
- 我們能否承諾在孩子面前，只說對方正向或中立的事？
- 身為共同親職，我們能不能參加孩子的比賽活動，並在這些場合中對彼此保持友善，以給予孩子支持？
- 在為這些美妙的孩子，同時也是我們的共同結晶，建立盡善盡美的生活時，我們能否拋開過去的負能量，找尋新的滿足？

如果你正在努力克服關於養育子女的沉默契約，這倒是有個好消息：儘管要解決針對撫養兒女的沉默契約，可說是最為錯綜複雜的事，但只要行為是為了孩子的最大利益，而不是為了我們自己，你就會發現更能集中注意在解決問題。換句話說，你可能會發現，在情況涉及你要負責照顧的未成年人——你所愛的孩子時，你必定會選擇表現出最好的自我。

單一照顧者

凱薩琳

凱薩琳是一個成功的企業經理，四十五歲的她目前單身，深受同事、家人和朋友尊敬。她有過幾次長期交往的感情，但因為種種理由，卻始終未婚。當有人說她「沒有小孩」，她會微笑地糾正說：「其實，我是沒有小孩的煩惱。」她的家族親戚雖然知道她有份好工作，收入相當不錯，卻不是特別清楚她的事業有多成功。凱薩琳的謙虛個性，讓親戚很容易就把她當成「只是我們當中的一分子」。

儘管她還有兩個體格健全的弟弟，照顧父母的人卻總是凱薩琳。而她也經常參與其他親戚的生活，慷慨幫忙他們，提供意見、借貸，甚至贊助了幾名姪兒的大學基金。她是個有趣的姨媽，每一年都會舉辦大型家族聚會，卻不會要求其他人貢獻協助。她也從未缺席親人婚禮、畢業典禮和葬禮。等凱薩琳的父母邁入八十大關，兩人衰退的健康問題開始讓凱薩琳和兩個弟弟擔心。兩個弟弟都住在外地，雖然不時會來探視二老，但往往是凱薩琳付出最多時間，確保爸媽得到一切所需。

有一天，凱薩琳公司的總裁邀請她晚餐，提供她一個晉升的機會。她被選為倫敦子公司的負責人，凱薩琳欣喜萬分。讓這件事更加令人興奮的是，她和住在倫敦的一個戀愛對象最近感情升溫。在仔細思索調職的各種勤務事宜當中，她確切意識到除了奉獻投入這個大家庭，她也一直是年邁雙親的主要照顧者，是最常參與解決他們各種問題的人。

在一次家族聚會中，凱薩琳宣布她很快就要搬到倫敦，但會常常回來探視。親人的反應讓她震驚不已，其中包括「你怎麼沒先跟我們商量？」甚至是「這難道不是自私嗎？」等各種批評。在她為這些人犧牲和耽誤那麼多之後，這就是大家聽到她非常開心的個人消息後，所給予的回應？她怒火中燒，氣沖沖衝出現場，任由他們自生自滅好幾小時。

探究其中的沉默契約

當中的默認就是：**盡職的女兒會一輩子照顧爸媽**。畢竟，造成這樣期望的人正是凱薩琳，因為她照料雙親始終如一，在某種程度上，甚至還包括兩個弟弟及他們的孩子，她熱愛這些對她意義重大的親密連結，卻從未檢視當中的種種失衡。這許多年來，凱薩琳有過幾個長期男友，其中一些她非常認真看待，但是她的家人從未細問這些交往關係。他們總是料想，凱薩琳喜歡單身，也會這樣保持下去，她從不曾透露會讓他們不作此想的理由。凱薩琳保持默認：**除了這個大家庭外，她沒有重要的個人生活，而她的親人藉由不提出問題，而積極參與其中**。他們認為她隨時待命，而且相對地沒有需求。現在，她準備展開著重自己的人生新篇章，沉默契約就開始浮現產生問題了。

解除沉默

聽到家人對她的消息不以為然的回應後，凱薩琳開始以新的角度看待事情。她總是把大家族的需要擺在第一位，也享受在他們眼中所培養的無私形象。就她的親戚來說，她的一切努力不算犧牲，只是身為投入奉獻的女兒、姐姐和阿姨的表現，而且比起自己的生活，她更喜歡專注在其他人的生活。剛開始，這個領悟讓凱薩琳憤憤不平，覺得她的親人以自我為中心、冷漠，甚至是自私。但接著，她檢視自己在親戚中的角色。她表現得像是非常樂意擔任主要照顧者，所以他們怎麼能不去假設這是她樂意永遠擔負的角色呢？他們無法接受她迫在眉睫的離去，其實是可以理解的；他們只是必須調整心態。當她確認自己安於不再被視為家族明星的角色時，這撫平了她的情緒。對凱薩琳來說，鼓起對新計畫全力以赴的勇氣很容易，因為她知道這是在為自己做正確的事。而這個計畫包含要維持所愛的人的生活，只是現在，她會把自己擺在第一位。

從今以後

凱薩琳協調出一個互相滿意的安排，把照顧父母的首要責任交給兩個弟弟。她打算定期回家省親，加入家族電話會議，共同處理雙親的需求。凱薩琳相信其他家族成員會提供協助，會更加積極參與照料她的爸媽。至於要不要保持家族年度聚會的傳統，也交由他們決定；如果想要，他們可以接下這項活動的計畫和執行，她會很樂意參加。她深深吸了一口氣，打包人生，移居英國。她不再煩惱這個決定是否會讓她在家族變得不受歡迎。想要被需要，以及對親人的失衡義務感，一直模糊了凱薩琳本身的想法，她的自我對話集中在家族其他成員的感覺和想法，而不是她對自己的責任。

如果你在自己的家族承擔了類似的角色，你可能要詢問自己這樣的問題：

- 為什麼我會致力於好好照顧別人，而不是我自己？
- 如果我照顧其他人，做到什麼程度是對雙方都有益的？
- 我是否應該犧牲自我照顧，來照料他人？
- 我是否已經擱置了我不想要再延後的人生層面？

記住，注意到自己的需求，並且照顧自己，並不自私，也不表示你以自我為中心，而是關愛自己。

膝下無子的默默苦難

麥可和珍妮特

麥可和珍妮特在維吉尼亞一個工廠小鎮長大，他們在同一家學校念書，也上同一座教堂，但直到中學，他們才在當地的四健會成為朋友。在童年的夏天，他們會參加當地和地區的農產市集，珍妮特會在那裡販賣罐頭食品以及自己手織的嬰兒織毯和毛衣；麥可會展示他的馬兒，讓小孩騎小馬。

麥可在牧場長大，是六個孩子中的一人，家中從最小到最大的孩子都必須分擔牧場上的工作。珍妮特是四個孩子中的老大，像是媽媽分身一樣照顧小弟妹。對她來說，養育許多孩子只是時間問題。她和麥可都很喜歡動物、鄉村生活、經營農莊，兩人變成非常親密的朋友。然後有一天，麥可邀請她參加他們的中學舞會，讓珍妮特又驚又喜。三年後，他求婚了，兩人就在他們的二十二歲生日之前成婚。

在他們的小鎮裡，大概每一個人都互相認識，對於麥可、珍妮特和他們所有朋友來說，結婚、買下附有廣大土地的房子、生養很多孩子，是極其重要的目標。經過十年的婚姻，珍妮特一直沒能懷孕。剛開始，他們專注在擁有許多時間共享人生的好處上，只有兩人世界。他們辛勤工作，參加社區活動，心懷感恩。不過，在他們的已婚朋友中——這些朋友現在全滿三十歲了——麥可和珍妮特是唯一沒有孩子的夫妻，只是都沒有人公開提及這件事。珍妮特和麥可也沒有談論心中的恐懼以及讓彼此失望的事。兩人都不希望另一半感覺到被指責或羞愧。默默地，他們的失望日益加深，兩人距離愈來愈大。

探究其中的沉默契約

珍妮特和麥可擁有一個很常見的沉默契約：**如果你不談論你失望的事，我也不會說我的**。隨著日子一年一年過去，他們愈發害怕兩人可能永遠沒辦法擁有孩子，但因為他們都擔心責任歸屬在自己身上，就不去找出事實。諷刺的是，他們想要保護對方——主要是對無法給予對方如此意義重大的東西而感到內疚——卻反而導致彼此鴻溝加大。麥可開始感覺像是自己少了一些男子氣概，和哥兒們坐在酒館談著他們孩子的故事時，他始終默默忍受著這種痛苦。在他們的小鎮上，會期待已婚男人養育孩子，而擁有兒子更是被視為至高無上的幸福。麥可對自己默認：**沒有血緣上的孩子，他就無法實現男人本色**。珍妮特對自己也有類似的默認，而隨著不安全感增加，她開始覺得自己做為妻子和女人都失敗了。她最深的恐懼是，麥可終究會對她失去興趣而離開她，他們的親戚和友人也參與了他們的沉默契約，默認**不要提及生小孩的話題，好讓麥可和珍妮特的生活盡量好過**，關愛他們的這些人自認是在表達尊重，甚至是仁慈。

解除沉默

珍妮特的憂傷加劇，她最後不再參加編織會和家族聚會。親友看見她退縮，表達了從關心到傷心各種情感。在星期天一場教堂禮拜中，珍妮特悲傷得不能自已，所以和牧師約時間見面。他們隔天會面，珍妮特在撲簌的淚水中開始談話。她告訴他關於自己避開朋友，沮喪自己體重增加，尤其是她害怕自己永遠無法成為人母或成為麥可應得的妻子。冷靜下來之後，她開始放輕鬆，聲音變得較為清楚有力。珍妮特終於可以大聲說，她想要當媽媽，不管這意味什麼。牧師建議她對麥可誠實表達她的感覺，而且在這次會談後，三人應該好好討論各種選項。

珍妮特察覺到失望、失敗感和擔心失去婚姻，這讓她陷入憂鬱；同時也了解到，她的沉默導致了她的悲慘狀況。「我為什麼沒有早一點求助？」她心想。

從今以後

現在，麥可和珍妮特開始真正溝通，可以誠實談論未來的選項，珍妮特和牧師的會面，協助她得到勇氣談論她羞愧的感覺，這為麥可打開了大門，可以採取同樣的行動。他們很快就去找了家庭醫師，他為兩人介紹了不孕症專家。他們發現胚胎植入費用對他們來說太過昂貴，不容考慮，所以兩人開始討論收養的可能性。

當朋友和親人默默受苦時，你可能會想要提供支持，協助打破他們經歷的沉默，不妨使用這些句子做為開場白：

- 如果你需要談談，我隨時都在。
- 沒有你的允許，我永遠不會和任何人討論你的私事。

●我想我一直不去提到這件事是因為……

●對我而言，你的快樂真的很重要，不管你做什麼樣的選擇，我都百分之百支持你。

同時，如果你處於像珍妮特和麥可這樣的狀況，以下問題有助於你確認方向：

●在我最需要的時期，我是否願意立刻尋求同情？

●我是否決意要找到所需要的勇氣，以拋開讓我覺得寂寞、悲慘和沒有安全感的沉默？

●對於成為養父母而不是親生父母，我是否願意改變想法？

●我是否願意拋開「即使犧牲個人幸福快樂，也想要受到家族和社群肯定」的想法？

●在我的信念和習慣，有哪些部分是應該保持，哪些是我應該試著放下？

一些小訣竅

家人的定義範圍廣大，而複數集合更是複雜，其中充滿未說出口的意見和隱藏的情感，這種極其複雜的特性就助長了沉默契約，有些更是持續了好幾世代。穿過這個錯綜複雜的景觀時，記住有時候是你在當下建立了沉默契約，其他時候你是踏進了已發展多年的協定。無論如何，在你尋求解除沉默時，察覺是你最好的資產，以下是幾個協助你進行的訣竅：

- 盡量早日討論問題，不要拖延太久，為了替這場可能充滿情緒的複雜對話做好準備，首先寫下你最重要的想法和感覺，這有助於你集中焦點，讓你放心，知道自己不會忘記處理對你非常重要的事情。
- 提醒自己，你是在做正確的事。
- 詢問自己：說出實話，最壞會發生什麼事？最好又會發生什麼事？
- 如果你發現，第一次對話特別令人生畏，可以找你信任的人事先練習，這聽起來可能有點蠢，但是進行過練習，可以讓你獲得信心，條理分明。

第七章

關於職場的沉默契約

每一天在世界各地的職場，工作中的職業人士都有著這樣的思緒：「為什麼我的手下不能更加拚命工作？」、「為什麼有這麼多工作落到我的團隊肩上？」、「為什麼要我的部門去解決公司問題？明明不是我們出包的呀！」這些腦內對話和底下的沉默契約不斷出現——在我們講電話、準備文件或參加會議時，甚至出現在我們的線上溝通之中。在辦公室裡，員工以各種方式和其他人產生聯繫。上司努力激勵手下，同事時而支持，時而互挖牆腳。主管努力訂出底線原則，卻還是得處理無數個性類型的員工。職場上的各個成員，從小職員到執行長，都在不同程度受到這些多層面互動的影響。

辦公室的難搞人士

我們全都有過這樣的經驗，和我們覺得行為可議、讓人討厭，甚至難以忍受的人合作。在這種狀況下，我們可能會找志趣相投的同儕抱怨或尋求支持。我們可能會對上司陳述狀況，找麻煩製造者直接攤牌，甚至是開始找新工作。但要是還有其他事情需要考慮呢？要是你就是問題的一部分呢？

你所從事的工作類型，決定了你可能會帶去工作的配件或補給（公事包、安全帽、保全徽章、筆電、你的午餐），但不管是什麼職業，你都會帶上你的個性。你也會帶上你對職場的信念期望以及個人的癖好；甚至可能攜帶情緒和心理的棘手問題，應付工作上的難纏人物時，你是以自己默認的期望來回應，這些期望包括同事應當如何採取行動、同事是否應該克制情緒（或認可你的情緒），以及你認為工作環境應該保持和諧的理由。你可能認為同事應該一直彬彬有禮、保持冷靜，因為這樣才能發揮最大產值，但要是你有個同事期望可以藉由用力甩門，不時地自由發洩情緒呢？像這樣的風格差異，可能會導致衝突，但是你需要接受的是，發展成衝突是因為你們雙方不同的期望。

當你遇上個性不好相處的同事，很容易就會把問題怪在他們身上，不過，找出雙方衝突底下的沉默契約，加以討論，才是更有成效的做法。有時候，這樣的對話可以在下班或午餐時間進行，只是時機很重要，小小的準備會有很大的幫助，不妨考慮以下的方法：

一、進行研究，和你信任的其他人談談自己的狀況，以獲得不同觀點。

二、想想你希望情況有怎樣的改變，而要達成目的，需要什麼樣的對話？

三、要了解你想交談的對象可能是第一次聽到這樣的意見，而沒人喜歡被突襲。

四、切合實際，在和對方交談之前，可以預先排練，同時要知道自己可能會需要有所退讓。

消極攻擊的同事

誰？我嗎？

在一家非常成功的公關公司中，丹妮兒對於督導九個月前才加入公司的塔拉，感到非常挫折。在許多工作場合，塔拉表現出典型的消極攻擊行為（passive-aggressive）：她在被詢問問題或受到指示時，往往保持沉默，當丹妮兒問說塔拉是否有聽到她的話，塔拉經常只是簡單回應：「是，我有。」——沒有細說，只有簡短的三個字。這樣的互動讓丹妮兒十分氣餒，因為她都得再問一次，這樣的應對，感覺像是塔拉想把掌控權轉回自身的策略。

當丹妮兒需要跟塔拉約時間開會，塔拉往往認為丹妮兒建議的時間都不方便——塔拉另一個掌控手法。如果丹妮兒要求在當天結束前見到報告或文件，塔拉就會在剛好下班前送上來，然後一副焦慮萬分的模樣，匆匆離開辦公室。這樣丹妮兒就無法評論塔拉的成果，詢問相關問題，也無法及時讓塔拉修改，趕上隔天上午的會議。

丹妮兒嘗試和塔拉討論這些問題，卻總是無功而返。塔拉對她的行為都有現成的理由；經常辯稱：「我都把工作做好了。」她還說自己頭腦很好，用不著解說溝通就可以了解指示，並且聲稱她之所以總是一到下班時間就急急離開，是因為要去保母那裡接小孩。

同時，丹妮兒還有個習慣，會等到挫折感累積到高點時，才和塔拉直說她在意的事，她知道在這種男性居多的工作環境中，兩個女人的口角對她們兩人都不好，丹妮兒便小心翼翼克制著她的不滿。結果，她經常生著悶氣走開，不顧這些懸而未決的問題。有時，她自己也會跟著採取消極攻擊，在攤牌過後幾天，只簡短回應塔拉。

像塔拉這樣採取消極攻擊的員工，可能讓人非常沮喪，不只因為她的行為有反效果，也因為她不為自己的敵意負責。她或許為自己的行為，提出自以為正當的理由，但是這樣的辯解通常沒有直指事實核心，所以很少有幫助。再說，辦公室關係中包含了無數的沉默契約，當你捲入衝突，最為積極進取的做法之一，就是思考自己是否也加入了造成問題的沉默契約。

探究其中的沉默契約

塔拉的本性是消極攻擊；而丹妮兒總是容易生氣，不像有自信、會以權威處理狀況的上司，這些都影響了兩人之間許多的沉默契約。塔拉感覺：**即使在職場，我也有自主權。丹妮兒是上司，但她不是在我「之上」**。丹妮兒的沉默契約則像是：**我是公平講道理的主管，所以當我要求部屬做事時，她就必須去做。**

塔拉是在年少時期發展出消極攻擊的個性，她極力不要消失在雙親的陰影底下，冷酷嚴格的父母管控她的每一個決定——從應該穿什麼到大學主修的科系。塔拉以消極攻擊做為抵抗，她會「不小心」弄髒衣服，太晚到校而被關在教室外，跟父母不認可的孩子一起玩。等塔拉一有足夠的錢，就搬出家裡。

丹妮兒在不知情的情況下，可能協助觸發了塔拉的消極攻擊回應，因為她假定辦公室階層分明、不容置喙，大家都會遵守。但是塔拉對於前老闆的作風比較開明：一起做專案時，他會徵求塔拉的意見，這讓塔拉比較容易接受指示，而不會像成長過程那樣，覺得自己受到控制。

丹妮兒在這段人際角力中還扮演了其他角色，當塔拉採取消極攻擊的行為時，丹妮兒也以同樣的方式回應。探究丹妮兒的背景，有助於解釋這樣的行為。丹妮兒來自一個長幼有序的家庭，家中角色有清楚定義，也確實執行。每個人都按照本分行事，其中不言而喻的信條就是，這種條理性不容紊亂的細節，也不容討論：「去做你的事。」丹妮兒在這樣的秩序中感覺舒適，所以在求學及進入職場，她都努力尋求明確清楚和效率。問題是，她死板的管理風格並不適合塔拉。

解除沉默

這些沉默契約需要處理，加以改變。丹妮兒是主管，握有絕佳立場可以開啟對話，讓兩人盡釋前嫌，取得互相的新諒解。考慮到雙方為這個工作關係所帶入的期望，兩人都不太可能會對這場對話感覺愉快。但是，丹妮兒身為主管，有責任要對手下清楚說明她的期望，此外，協助部屬在公司發揮效用並且取得成功，也是她的職責所在。

在展開關於兩人工作關係的對話之前，丹妮兒和塔拉可以先試著找出兩人對於職場的信念和期望。在這樣的發掘過程中，寫下觀察是很有效果的訓練。對於丹妮兒怎樣給出工作指示的描述，塔拉可能會寫下這樣子的情況：

丹妮兒要我做事時，她通常會一再詢問我是否了解，然後我就覺得生氣沮喪。**我期望**人們給我空間去做我被指派的事，因為**我假設**他們看得出我很聰明，說一次就懂。當主管不斷來詢問我做得如何，**我相信**這顯示他們不相信我有獨立解決事情的能力，而這是我在充滿控制慾的專橫父母手中長大之後，就一直痛恨的事。**我相信**被督導者不應該被當成小孩，督導者也沒有權利一直監看我。

揭開職場的沉默契約時，對於使得這場對話必須進行的事情，提出你的觀察和經驗，將會很有助益；此外，如果你同時聽取其他人的觀點，也會非常有效果。所以丹妮兒可能會說：

看來，我們對於工作關係有不同的期望。例如說，安排會議行程時，我通常會提出幾個可行的時段，而你往往回答說全都不方便。就我這邊來說，我給了我**期望**你從中選擇的幾個時間，但你卻提出不同的時間給**我**選擇。我**假設**你了解我有權力把會議訂在我認為合適的時間，而不是你有。我**始終相信**，遵從商業準則，例如這樣安排行程的方法，可以幫助我們讓工作更有效率。我想知道，你是怎麼看待這種情況，對於我們兩人應該怎樣合作，你所抱持的期望又是什麼？

這場對話說明了丹妮兒所觀察到的衝突焦點，也透露出她自己的期望、信念和假設，在丹妮兒提到她對準則的信念——是怎樣幫助人們「工作更有效率」時，便已經指出她意識到自己的沉默契約。

進行這種職場對話時，或許可以採用以下的開場白：

一、我重視……
二、我了解我們可能對事物的看法不同……
三、我期望你會（我會）……
四、我假設……
五、我相信……
六、你覺得這樣有道理嗎？
七、你有什麼看法？
八、我了解你為什麼會這樣想……
九、從今以後，我期望……
十、你期望從今以後會是怎樣的狀況？

從今以後

塔拉和丹妮兒承認各自的個人期望，有助於兩人取得足以同時反映雙方需求的共識，丹妮兒可以繼續建立準則，但是必須具備容許塔拉更能獨立工作的需求。隨著對話的推展，丹妮兒可以決定在哪些領域，她期待塔拉自主工作；

而在哪些場合，她期待塔拉接受更多指示。如果塔拉知道她有時候能夠獨立工作，可能就不會一直以她常用的消極攻擊方式來抵抗。丹妮絲藉由詢問和尊重部屬的職場需求，將可以提升同仁的士氣和表現，而她也很可能減少挫敗感和消極攻擊的作為。屆時，她就可以被視為公正適任的上司，讓其他人都**想**為她做事。消極攻擊的行為令人生氣，也適得其反，而它模糊不明的本質使人更難了解核心。但有一點很清楚：不能採取更多的消極攻擊來回應它，而是需要更清楚的溝通和行動。

那你呢？

你能否試著指出你在職場上可能出現的沉默契約？可以問自己以下的問題：

你和其他同事有沒有任何個性衝突？

你是否逃避處理這些差異？怎麼做呢？

針對自己傳達或內化對別人不滿的做法，你是否有想要改變之處？

如果有，你是否願意尋求新觀念、資訊和資源，以增進你在工作上的溝通和相處之道呢？

要知道，不切實際的期望和假設充斥在職場。事實上，對於共事好幾十年的人，你可能根本對他們沒什麼了解，當然也不會知道對方的沉默契約是怎麼形成，又有何重要性。如果記住這件事，並且在沉默契約形成之前和之後，工作時都能發揮良好溝通，就會發現職場變得更為和諧、更有生產力。

在塔拉的案例中，其他人認為她有能力卻很難相處，這阻擋了她晉升的機會。她憤恨同事升職，經常無法好好恭喜對方。儘管塔拉給人個性強硬的印象，她卻不確定自己是否有成功的能力。她從未得到家人的支持，卻是家族中取得社區大學副學士的第一人。

塔拉總是安於把標準設得遠低於自己的能力所及，不去打亂自己嚴格家族對她的看法，也不讓自己挑戰去超越目標，只是安全地留在她的舒適區。如此一來，她確保自己可以達成目標，卻無法發揮她的潛力。

塔拉參加一個週末職業發展工作小組時，開始察覺到她對自己的沉默契約。她在那個週末了解到，她從未容許自己探索自身的夢想，只是假裝滿意自己的工作選擇，但是她的憤慨往往會從和其他人的互動中滲透出來。

隨後幾年的期間，塔拉加入一個每週舉行的職業支持團體，她開始茁壯成長。她找到職業的新方向，而這需要一段長期努力以重回校園，她同時也了解到，專心在建立自信和人際關係是主要關鍵。

以下是塔拉現在可以詢問自己的問題：

要實現我的夢想，我需要怎樣的額外支援？

在這樣的改變過程中，我要如何維持對自己的真實可靠？

為了致力於自我照顧和保持動力，我每天需要有怎樣的改變？

要怎樣和家人保持聯繫，卻不會內化他們的低期望值？

在呵護自己夢想時，我要怎樣支持我所在意的人？

吹毛求疵

永遠都不夠好

格蘭和戴夫經由共同的朋友結識，當格蘭新創他的環境永續公司時，他知道戴夫對團隊而言會是一大助力。他們合作了兩年，但儘管兩人的企業理念相近，但是成長過程的差異卻造成沉默契約的出現。格蘭出身辛勤但功能不健全的家族，家人從不期望他能有了不起的作為，也經常這樣對他照實說。他們勸阻他上大學的企圖心，說是「這對你而言太困難，太花錢，你最好跟家族其他人一樣直接去工作。」另一方面，戴夫卻是由才思敏捷的父母撫養長大，他們對於冒險有著無窮活力，見到機會，毫不遲疑就能做出決定說「放手去做！」這樣的態度讓他們在房地產領域擁有出色成就。如此截然不同的童年，使得格蘭和戴夫總是以不同態度處理兩人的事業關係。

儘管公司結構很有彈性，戴夫還投資了金錢，格蘭仍是創辦的資深合夥人。新公司蒸蒸日上，前途像是一片光明。但是，其中卻有一個問題：格蘭對於事情做法有特定想法，而戴夫不符合格蘭的期望。由於格蘭一定要掌控一切，使得戴夫愈來愈挫折不滿。戴夫愈來愈厭倦格蘭吹毛求疵糾正電子郵件和報告的做法，甚至是格蘭在會議中的挑剔評論。格蘭總是面帶微笑評論，而戴夫往往陷入難堪和挫敗的感覺，他不認為格蘭的糾正會讓公司業務變好，因為它們不是針對工作品質，戴夫開始考慮離開公司。

探究其中的沉默契約

兩人有相同沉默契約，但也有影響彼此工作關係的沉默「附件」。兩人共同的沉默契約指出：**我們握有讓這家公司成功的好機會，我們兩人都會盡全力讓它成真**。這是一個有建設性的默認，在兩人之間發揮良好效果。但是，其中卻還有其他認定，導致問題發生。戴夫的附件是：我是個適任、聰明而且體貼的夥伴，我了解自己在做什麼，格蘭應該別去妨礙我，讓我好好做事。格蘭的附件是：**我的血汗和金錢都投注在這個公司，所以戴夫一定了解，我有權利確保所有運作、溝通和決定符合我的標準**。

不難了解為什麼這樣的自我默認會發生衝突：

他們所知悉的沉默契約只是一小部分，這部分反映出雙方讓公司成功的共同慾望，所以兩人都錯以為彼此合拍同步，兩人其實並不同意對方按照自己方式行事，也不認為對方的方式優於自己，如果他們不好好溝通兩人在這方面的不同信念，格蘭可能會繼續認為自己的做法對公司最好，而戴夫會開始找律師協助解除兩人的合夥關係。

解除沉默

當一方覺得他緊迫盯人的完美主義是可靠的保證，另一人卻覺得自己的能力不斷受質疑的情況下，這兩個同事要怎麼著手處理這種合作的挑戰？他們最早的默認相當良好，兩人當然想盡全力讓公司成功。而解除沉默之後，他們就可以進入修訂協定的立場，讓它包括特定事項，他們必須揭示各自什麼代表工作「好」和「夠好了」的信念和期待，他們需要探究在挑剔的完美主義到什麼程度，會導致成果減退。因為他們是合夥人、地位平等，不管是誰來啟動這場對話都很適合。一如往常，最有效的對話需要雙方真誠聆聽彼此；同樣一如既往，使用下列的句子來進行這樣的對話，將大有助益：

一、我重視……

二、對我來說，這段合夥關係意味著……

三、我期待……

四、我一直避免談論這件事是因為……

五、從今以後，我想要……

六、我了解你為什麼這樣想。

七、我了解你的想法，但我有不同的看法。
八、這樣你清楚了嗎？
九、你對此有什麼看法？
十、接下來我們要怎麼做？

那你呢？

對我們許多人來說，工作遠不僅止是賺錢，花幾分鐘想想你的工作和職業對你的意義，思索一下自己關於工作的信念、價值和別人相處的方式，來確認你是否要投入更多的注意力到這個領域。

關於自己在職場的關係動力，你可以詢問自己以下問題：

對於工作表現的回饋意見，我怎麼接收和回應？
如果我可以改變我在職場的表現狀況，我會想改變什麼？
早期家庭的動力是怎樣塑造出我經營工作關係的方式？
我對競爭的態度是怎樣影響我看待同事的角度？

我是怎樣處理工作上的衝突？

我是否會用贏家或輸家來評判他人？如果是，這對於我對待同事和客戶的態度有什麼影響？

記住，在你所涉入的每一個關係，你都扮演著重要部分，所以，如果有問題，你也是其中一分子。

眾所周知，支持我們和商業夥伴的關係所需要的情緒智商，跟在人生夥伴的關係中所需要的很類似。格蘭和戴夫擁有求取成功的衝突劇本，不幸的是，他們更加專注在對方的錯誤，而不是雙方為事業所帶來的好處。

當事業遇上歡愉

職場上的情愛和性愛

哦，老天，當情愛和性愛進入職場，事態變得複雜的機會就無極限了。這樣的關係包含了期望、希望和恐懼，這些因素也常見於在職場以外的關係，但是工作場合還增加了秘密和冒險成分。這樣的情事往往導致了流言、沉默契約和衝突，當有關這樣的關係應該怎麼進行的沉默契約無法配合時，隨之發生的行為也不會一致，所以問題便注定會出現。

如果你冒險投入辦公室戀情，你可能不只對自己，而也對戀愛對象產生一個沉默契約。你可能會對自己說：「我和新戀人非常小心謹慎，所以人們不會知道我們的狀況」；「我們兩人都不會對同事透露任何事，所以不用擔心辦公室流言」；「這段交往關係非常刺激，值得這樣的冒險。」這種沉默契約容許你進入冒險關係，並且在關係暴露後，聲稱自己沒什麼責任，或根本沒責任，而辦公室戀情是相當常曝光的。

珍娜和卡洛斯是同事，在認識的那一刻就受到對方吸引。他們在電梯、茶水間和走廊打情罵俏，珍娜知道工作上的戀情糾葛很棘手，但沒多久情況就明確顯示，兩人都不打算再繼續克制了。在公司耶誕派對上，槲寄生給了他們初吻的好理由。然後，兩人為了填裝餅乾盤，雙雙消失進入茶水間，然後轟！兩人的手游移在對方身上。

他們在不同部門工作，她在營運部，而他是在營業部；成天用火辣簡訊和誘人電話互撩。幾個月後，他們發生了興奮刺激的情事，兩人在下班後見面，度過一個充滿歡笑和性感角色扮演的週末。他已經離婚了，而她和住在美國另一頭的男人處於「半訂婚」狀況，他們像是在不知不覺中，建立了對於兩人關係規則的沉默契約。

六個月過後，兩人都了解到，儘管幽會情事很愉快，他們並不想要長期投入。珍娜只有二十四歲，打算再過一、兩年，就搬去加州。卡洛斯身為剛離婚、有個小女兒的男人，還沒準備好經營認真的感情，兩人都期待他們的辦公室戀情會自然消退，等到那時，他們就會重新回到只是同事的身分，但懷有對彼此的甜美回憶。

然後有一天，珍娜無意間聽到兩個同事在八卦她和卡洛斯的關係。「卡洛斯痛恨戲劇化場面，原本不想理會前妻的醋意。」其中一人對另一人小聲說道。「她拿女兒當武器，所以他決定直接跟珍娜分手，這樣比較容易。」珍娜很氣憤卡洛斯洩露兩人的關係，便去找他對質。「你開什麼玩笑！吹噓？你是中學生呀？」卡洛斯也怒氣沖沖回應。「你以為大家不知道我們在一起？難道我們分開時，還不夠明顯嗎？反正，要跟朋友談論我的私生活是我的自由。」

探究其中的沉默契約

這是個顯示辦公室戀情的沉默契約沒能配合的清楚案例，他們各自「同意」了**因為我們是同事，所以要謹慎處理這段關係**的各自版本。但是他們並未約定這樣的謹慎所包括和所排除的對象。對珍娜來說，這個默認意味他們不會和公司的**任何人**討論他們的關係。但是卡洛斯信任友人可以託付秘密，即使這些朋友也是他的同事，由於兩人都不知道對方的期望，各自相信他們對於謹慎對象的定義是相同的。對珍娜來說，卡洛斯對朋友透露是違反了協定。對卡洛斯來說，珍娜的反應太天真，如同沉默契約過去的案例一樣，兩人都從各自的過去帶來期望信念，進入現在。

卡洛斯成長在一個喜歡社交的喧鬧家庭，在這裡，秘密往往在許多戲弄笑謔之後，很快就會被揭穿。因此，卡洛斯從小學到的是，大部分的「秘密」是會說出來的。他認為，只要他和珍娜不要大肆張揚他們的關係，自己就算夠小心的了；而且他也篤信要跟朋友分享個人生活。

珍娜的成長家庭讓她學會要隱藏自己的感覺，她的家人經常會插手別人的事務，她痛恨這一點。在爸爸背著媽媽出軌後，這個悲傷和可恥的故事像是框架出阿姨到教母的所有指控和憐憫眼光。她向自己承諾，她的私生活會保持私人，而也的確如此——至少直到卡洛斯出現之前。她對於曝光的態度，使得她的感覺比預想的還要羞愧和內疚。

解除沉默

儘管他們已結束戀情，卡洛斯和珍娜還是適合好好對話，這樣有助於保護他們的工作關係。珍娜可以清楚表明，考慮到她還有唸研究所的雄心壯志，她仍仰賴一份肯定的推薦函，「不畏辦公室戀情」可不是那種她會想要跟著她進入生涯下一階段的評論。卡洛斯可以同意，不再跟辦公室朋友多加討論這段關係。卡洛斯和珍娜或許可以同意，萬一工作上有人詢問他們的關係，他們就簡單回應說：「我們只是朋友。」這個經驗可能會給予兩人一份寶貴的教訓：下一次，要早一點建立基本規則，而且大聲說出來。

愛情和工作之前人人平等

奈拉和布萊兒

奈拉和布萊兒已經在同一家公司共事五年，兩人各自透過不同部門，逐漸往升職的道路前進。有一天，雙方部門的主管宣布了一項新計畫，這需要奈拉和布萊兒的部門合作十八個月。這對兩人都是一個令人興奮的機會，她們可以展示自己技巧和能力，而有機會調任計畫結束後所新成立的部門，更是引燃了兩人的興趣。兩人在許多會議和多次深夜加班中，通力合作。有時候，她們會共乘計程車回家，或晚上一起出去喝一杯。

在這樣的其中一個夜晚，奈拉告白說自己受到布萊兒吸引，讓她訝異的是，布萊兒承認也有同樣的感覺。這兩位有見識的女人知道，不該在沒有直白講明各自的期望下，嘗試辦公室戀情，進行過幾次這樣的對話後，她們決定在不把個人關係帶入工作的嚴格規範下，追求彼此的吸引力。她們明白公司鄙視辦公室戀情，兩人也意識到在她們保守的工作場所，可能會對同性戀情有偏見。

這樣的方式成效良好，她們在工作上持續互動，同時又在辦公室外維持親愛和激情的關係。兩人都非常謹慎，也十分了解萬一她們的關係被人發現，會有怎樣的後果。最後，奈拉搬去和布萊兒同居，只是仍保留她的公寓做個樣子。

公司計畫很順利，當新案子完成之後，布萊兒的主管把她叫進會議室。她對布萊兒在案子上的貢獻表達恭賀之意，並說對這項成果印象深刻。主管接著提議讓布萊兒擔任新部門的負責人，表示布萊兒將領導從參與這計畫的兩個部門中所挑選出來的一群同事。這其中包括了她的女友，奈拉。

布萊兒當天晚上邀請奈拉一起前往兩人喜愛的餐廳時，幾乎難掩興奮之情，她向奈拉透露自己的新職位，而且這件事稍後即將在那個星期宣布。奈拉為布萊兒感到高興，並且熱情地傳達心聲，奈拉點了香檳，告訴布萊兒她真的當之無愧。布萊兒謝謝她，卻說出心中的納悶：奈拉對於布萊兒成為她的新老闆，到底會不會覺得不自在。奈拉明確回答：「當然不會，你工作努力，我認為他們做了很棒的選擇。我打算好好支援你的新角色。」然後奈拉問布萊兒：「那你呢？你能不能客觀評估我的工作？當我在**我的**新職務表現極其出色，然後被晉升做為公司第二把交椅，你會有怎樣的感覺？」兩人對此開懷大笑，彼此都知道儘管奈拉是在開玩笑，但她對於盡全力工作，謀求升職卻是認真的。對她們兩人來說，這樣當然沒問題。

探究其中的沉默契約

即使在這個和諧的案例中，沉默契約在一個可能充滿複雜情緒的場合還是發生了作用。布萊兒和奈拉是如何避開兩人的個人和職場關係所可能出現的傷害？她們的沉默契約完全符合彼此的信念和期待，也就是：**我們會開始交往，同時區隔職場和個人生活。我們的個人關係優先，但不容許它干擾我們在工作上的各自努力。**

她們以溝通為基礎，開始交往，而且兩人關係的許多規則也事先明確說明，其中一個信條是，她們會對於現況持續進行經常且直率的溝通。最重要的是，她們默認兩人的關係為優先，但這和各自的職場抱負或努力無關。彼此都了解對方的抱負，不希望因為擁有「辦公室交往關係」就代表她們的職業發展受限。

兩個女人都堅強有自信，欣賞對方這樣的特質，也不會因為對方的目標而倍感威脅，雙方都可以熱愛並支持對方的成功。她們並不把對方視為競爭對手，而是相信兩人是一個聰明成功女人的團隊，還有長久的成就和愛情可以期待。

不只是良師

查莉絲和達克森

查莉絲剛成為律師事務所的受雇律師，她極其獨立自主，立刻就被她的主管注意到，她既聰明又勤奮，是個傑出的員工。達克森是事務所的合夥人，對查莉絲有特殊的好感。有一次，他邀請她到他的辦公室，回顧了她的進步，提及成為事務所合夥人的途徑。他想要指導她，在她往上晉升的途中，定期和她見面，提供意見和支持。

查莉絲滿懷抱負，對她而言這是非常好的消息。她聽過傳言，說達克森有一點大情聖的個性，她思忖他是不是想勾引她。她決定，果真如此的話，她會接受，他單身又有魅力，而她也熱切想要快速達到個人目標。反正，她也沒時間找男朋友，所以要是事情往這方向發展，擁有友誼及一個可能寵溺她又不帶附加條件的性伴侶，可能還不壞。

在指導過程中，兩人享受了一整年的秘密約會和奢華的週末假期。然而，當「達斯」說他愛上她，希望兩人成為單一交往的伴侶，查莉絲卻大吃一驚。她不敢相信這個高成就的中年男子居然真的以為，她想要跟他擁有長期關係。他是同事，比她年長十四歲，而她目前人生階段的真愛是她的事業。辦公室流傳的說法是，他以前也有過只是玩玩的短暫戀情——他難道不知道事情是怎麼運作嗎？

查莉絲的拒絕讓達斯很訝異，因為他不習慣被拒絕，不管是哪個方面都一樣。況且，在她一直想要的升職上，他已經小心翼翼運作，確保她會被列入考慮名單。他也非常失望，她怎麼會跟他沒有同感？她難道不了解他們成為真正的伴侶對她有利嗎？既然達斯是公司的資深合夥人，比任何人都了解這裡的情況。

探究其中的沉默契約

查莉絲和達斯都相信，兩人是成熟的成年交往關係，彼此用不著退讓。但是，兩人未說出口的協定和這個默認底下的信念期望不相符。達斯心想：**在我指導查莉絲的時候，我也可以在戀愛情感方面更了解她，如果這段關係變得認真，將會是我們雙方都能付出承諾的好事。**查莉絲的想法是：**達斯會指導我，在這過程中，我們會來場短暫戀情，讓彼此從這安排中各取所需，不帶附加條件。**

人們展開這種類型的交往關係時，往往忘記儘管這是「工作戀情」，這段交往的對象仍是一個完整的人，是可能會希望把關係擴展到公司職務以外的人。當戀愛關係和職業關係重疊，缺乏安全感、佔有慾、嫉妒，以及最重要的期望不一致等種種問題加入關係之中的話，情況可能會變得非常複雜。考慮到職業往往瀕臨危險，嵌入辦公室戀情中的沉默契約最好盡快說明清楚。

解除沉默

當達斯終於面對查莉絲永遠不會重回他的懷抱這個事實，他知道情況必須有所改變。他了解到，查莉絲不是唯一和工作結婚的人。他發現到自己有一個默認，就是他相信成功會讓其他一切變得容易。對他來說，沒有比在這家富比士前五百大公司功成名就更重要的事。

分手之後，達斯花了好幾個月的時間，藉由一天工作十五小時，來逃避自己的感情。他筋疲力竭，無法集中精神，也無法休息，他了解到工作接管了他的人生。正是這個時候，他知道自己**必須**改變。所以，承認損害已經造成，他振作起來，舔舐傷口，思忖如果不工作，他最好的自我是什麼。他在絕望中，對一個他少數親近的律師透露一切，對方建議達斯休假幾天，去一個協助他克服之前難關的健康療癒中心。

達斯去了這個療癒中心，有了一個重大突破。他了解到，終其一生，工作就是他的全部意義。現在，不是掌控大局，也非壓倒競爭者，他知道自己對工作的依存具有摧毀他的力量。他也了解，「愛上」查莉絲這件事不管有多痛苦，都是一個改變和建立更為均衡人生的徵兆。儘管困難，他接受了需要的協助來重新整備自己，他開始加入每日身體和心理運動，幫助自己放鬆，重獲自信，發展出新的興趣，更動工作行程表，讓他得到自我探索的時間。

當一方陷入情網，而另一方不想要的時候，可能會是一個大問題。如果這種墜入愛河的不平衡狀況還加入工作，最後可能危及職業信譽和生計。達斯和查莉絲失調的沉默契約，無法讓這對伴侶保持長期和諧，查莉絲希望沒有附加條件，達斯期望有更為認真的承諾，兩人沒辦法配合。而且兩人截然不同的地位——在公司，**他**握有權力，而她沒有；在愛情上，**她**握有權力，而他沒有——讓他們不同的目標和慾望更加具有挑戰性。如果兩人可以揭示並且溝通他們迴異的期望，或許就可以找到一個愉快的中間地帶，讓他們在結束浪漫關係後，仍可以繼續一起工作。要是這種事情沒有發生，查莉絲也不該訝異，因為即使成功的中年男子也可能心碎痛苦。

顯然，達斯和查莉絲需要一場勇敢無懼的對話。因為這是個人同時也涉及職場的對話，所以討論必須加入這兩個要素。他們的對話或許可能這樣展開：「我重視我們的關係以及我們所發展出來的羈絆，但我認為我們對它的本質有不同的看法，我之前可能沒有說清楚對我們兩人的期望，現在讓我們好好談談，努力了解彼此的出發點。」這樣的開場白便立即承認了彼此有所差異，正如同對話的目標是要了解彼此。在對話中，他們可以使用闡明個人假設[illegible]

的言詞，並且請求對方也同樣仿效：

一、這現在對你說得通嗎？

二、這很讓人驚訝嗎？

三、你原本的期望是什麼？

四、我了解你為什麼會那樣想。

五、你認為我們在這樣的差異下，接下來會如何？

從今以後

這場對話不太可能會讓人自在，但要是達斯和查莉絲坦承對這段關係及對彼此的感覺，兩人就可以更理解對方。在交往關係中，如果雙方對於關係的基本定義抱持不一致的沉默契約，投入較多的一方往往會覺得被誤導或是遭到背叛，但要是他們可以討論導致這種差異的信念和期望，雙方就有機會帶著被理解的感覺離開。如果這樣，日後兩人的關係就比較可能和平友善。儘管達斯和查莉絲在感情方面的願望可能不同，但坦率討論辦公室戀情的風險和挑戰所得到的自我認知和清楚了解，對於現在和未來卻是無價之寶。

那你呢？

為了協助了解你的職業生活和私生活是否處於健康的均衡狀況，請思考以下的問題：

我是否相信我的工作生活比私生活更為重要？兩者的重疊程度有多少？

我是否有花足夠的時間和朋友、家人相處？我上一次主動和自己在意的人們聯絡是什麼時候？

我是否發現自己會在半夜醒來，試著解決工作相關的問題，然後又很難重新入睡？

我是否期待事業成功會帶給我快樂？我是否有追求事業以外的快樂？

我是否曾經為了讓事業更有收穫，而忽視均衡人生的重要層面，像是運動、休息、嗜好、外出度假？

工作是否成了個人關係的唯一來源？我還能有怎樣的關係？

我需要做什麼改變，才能讓每日的工作生活更加均衡？

我對於成功的定義是什麼？我願意怎樣做來得到它？

我所賺取的收入是怎樣正當化我在工作上所花的時間，以及可能要求的犧牲？

有無數狀況會導致職場沉默契約，有些本章已經論及，而其他涉及雇用、解雇、考績、任用私人、藥物濫用、機密——這份清單就跟公司打卡單一樣長。工作關係非常重要，因為它們和我們人生的重要基礎連接在一起，像是收入、抱負、創造力和知性的成長。就跟個人關係和性愛關係一樣，工作關係也受到我們個人的歷史、價值觀及期望影響。我們把整體因素帶入職場，這可能會成為我們職業往來的一部分，也會導致沉默契約。

關於種族、文化、性別和世代差異，也涉及其中。這些領域可能充斥著沉默契約，就因為它們對個人成長過程和世界觀，以及對他人的假設和期望，有著強烈影響。因此，在一個多樣化的職場，就極可能存在種類繁多的不一致沉默契約。

在許多方面，這些領域和經常發生作用的沉默契約值得專書討論，才能好好表明它們的重要性。就目前來說，必須一再強調的是，無法找出這些沉默契約的職場，可能醞釀著衝突——例如說，在千禧年世代的新雇員和中年主管，跨性別員工和她保守的異性戀同事、非裔美人的銷售主任和她的中東男性助理——就是一個可能會有大麻煩的職場，齊心努力找出這些歧異的周遭所可能存在的沉默契約，並且加以溝通，這樣對於提振士氣和維持一個有成效的健康工作環境，大有助益，我們已經概要說明的著手方式，也可以派上用場。

同時，當你在工作遇到難纏人物，或是牽扯進變得複雜的辦公室戀情，即使你一開始的反應可能會是把問題怪罪到另一方，但提醒自己其中可能有沉默契約存在，是很有幫助的。儘管我們許多人通常很難去溝通尷尬的情況，這種反感在職場中可能更加強。但情形仍舊一樣，如果你可以承認自己所抱持的慾望、信念甚至包袱，這樣的覺悟就會讓你處於一個有利的地位，可以著手處理你這部分的職場沉默契約。

第八章

關於健康的沉默契約

許多和健康有關的沉默契約反映出一個信念：如果不去談論，就用不著承認我們擔心，自己的健康是有許多我們無法也不願意控制的事。在這個章節中，我們要來探討，對於自己的健康和他人的健康處置保持沉默，是怎樣的陷阱。有時候我們會跟別人說我們沒事，事實上卻知道遠遠不是這樣。我們可能會告訴朋友我們星期二「在學美術」，而不願承認自己開始接受治療。有時候，只是因為實情讓我們疲乏，所以會選擇說出不同的健康因素。就像珍妮絲一樣。她是單親媽媽，小孩生病了，她不能再請假，卻也找不到人照看她七歲的氣喘兒子。她打算跟老闆說：「我今天沒辦法上班，因為我又偏頭痛了。」還有一些時候，我們就是覺得要遵從醫師建議太難或太昂貴，所以我們默許自行管理健康狀況，默認盡量往好處想，即使我們的本能抗議說這樣危及自身。你可曾使用一個像是無足輕重的理由，重新安排體檢時間？你可曾因為希望會自然好轉，就選擇放棄一項受推薦的藥物治療？或是忽視症狀，只因你就是不想知道？

還有一種關於健康的沉默契約，是因為我們不想要造成衝突，不想讓別人對他們已做出的選擇覺得不自在，而維持沉默。我們不會高談朋友的抽菸習慣；不會提及我們最喜歡的表妹目前的實情，說她在這兩年已經胖了二十多公斤，而且她的家族還有心臟病病史，我們告訴自己這些人是成年人了，他們可以自己做選擇。告訴成年人該怎麼做，可不關我們的事。

有時候沉默契約是逐漸發展出來，並且一路上製造了太多的潛在地雷，我們會發現自己在生活中小心翼翼避開它們，沉默契約往往是在始料未及的地方發現，對於強森家族，沉默契約就在廚房裡。

食物、家族和假想物

強森一家

寶拉是個關心全家身體健康的媽媽，她家有一個把大部分空間時間花在廚房的青春期女兒。寶拉出身貧窮，而儘管家裡都快沒錢了，她媽媽還是會用多出的零錢買糖、買蛋和麵粉，試著用烘焙驅走家人的哀愁。媽媽會自豪地端出美味甜點，讓她在貧困中感受到豐盛。這樣的烘焙好身手，尤其是彷彿在舌頭上融化的手工圓麵包，使她成為社區羨慕的對象。

現在，家族的烹飪傳統已傳承到寶拉的女兒妮雅身上。這些年來，妮雅已經成為一個可以驕傲分享創意料理的烘焙好手，而這項技能讓她贏得無數親友的讚賞和欽佩。但這也讓她在十六歲的年紀，過重了二十公斤。她不像其他青少年一放學就衝去社團或球隊訓練，妮雅是直接趕回家裡的廚房，接受外婆教授烘焙技巧和家傳秘方。每到了星期天，外婆就會說：「我把你的圍裙帶過來了，我們快點把圓麵包放進烤箱吧。」

妮雅不像其他許多同學一樣，熱衷衣服、逛街或最新舞步。烘焙是她的娛樂、她的喜好，也是她的避難所。有一天，在例行體檢中，醫師告訴妮雅和寶拉，妮雅是肥胖症患者，有第一型糖尿病。妮雅坐在檢查檯上啜泣，寶拉要女兒安心，說他們會訂出日常運動行程，共同管理她的醫藥和飲食限制。但是寶拉卻不肯討論女兒的體重和她高糖高油脂的烘焙嗜好之間，有何關聯。儘管寶拉認同糖尿病是嚴重的疾病，卻認為烘焙是妮雅的重要嗜好，況且也覺得在廚房跟妮雅感覺最為親密。最重要的是，她不想阻礙女兒的熱情。她經常提醒妮雅說她是漂亮的年輕女孩，但又暗自希望妮雅可以自行減重。在醫師探視後，整個家族只是保持沉默，沒有人敦促她進行更多的運動，隨著妮雅的體重繼續上揚，她的直系親屬也愈來愈退縮到個人的沉默否認，不願承認自己的參與發展出一個非常危險的問題。

探究其中的沉默契約

這個家族的沉默契約已有好幾個世代之久。數百年來，烘焙一直是令人讚賞的活動，可以展現才能和手藝，又可以做出讓大家共享的美食。妮雅遵從家族傳統的這件事讓大家都很開心，儘管它已對她的健康造成傷害，家族的沉默契約是：**儘管烘焙損害了妮雅的健康，但她還是得繼續烘焙，因為這對她的自信和延續家族傳統意義重大。**這個默認存在於一個信念上，就是烘焙是一種偉大的維繫機制，也合理化了強森家女人總是「骨架大」的狀況。妮雅有一種沉默契約是，**只要她讓強森家的烹飪傳統繼續存在，她就會受到家族成員的喜愛**

和重視。不管她在學校受到多少嘲笑，但家人以她為傲，所以她也默認**盡量不去理會學校女生嘲弄她的體重**。

所有家族成員都努力保護妮雅，他們告訴自己，肥胖不算真的是一種疾病。他們喜愛家族新生代維護家族重要的食物傳統，而且反正長輩都不知道怎麼協助有飲食和體重問題的人。他們全都是同謀——父母、祖父母以及整個大家族，大家都覺得很難插手干涉，尤其是外婆，她珍惜和外孫女在廚房共處的時光。但是家族裡的成年人看出問題，躲藏在傳統後面的時間結束了。

解除沉默

妮雅的恢復之道開始於爸媽承認他們是製造出這問題的共犯，這需要鼓起勇氣的對話，先從父母，再擴展到祖父母、妮雅本身，以及任何可能被視為妮雅圈子的人，像是她的朋友。這些人組成了她的**影響圈**。人們往往意料不到，自己的價值觀對別人的幸福有影響，但確實如此。我們透過自己的行為投射這些價值觀，而這些投射出的觀念和信念讓他人出現的感覺、反應和行為，並不見得符合他們最大利益。畢竟，就許多方面來說，這些觀念可能來自我們未說出口、最後卻強加在他人身上的需求。

所以像強森這樣的家族要怎麼脫困呢？一種方式是家族成員在談論妮雅健康時，開始使用第一人稱陳述。建構這種分享的有效做法是，在陳述中運用「這就是它給我的感覺」這樣的說法，例如：

身為母親：寶拉需要告訴家人自己成長過程中和食物相關的經歷，來說明妮雅的健康是如何影響到她。「我小時候沒有足夠的食物可吃，我逐漸了解這造成一種擔心不足的恐懼。這種恐懼促使我確保每個人隨時都有足夠的食物。我相信自己對於貧窮生活的恐懼，造成我不去理會妮雅時常烹飪和烘焙的影響，這使得我自覺像是造成女兒健康問題的兇手。」加油，媽媽！藉由每一次內省，找出我們的舊信念和期望，我們便掃除了障礙，得以在牽涉到保密時，真正看清責任歸屬。

父親麥克：「我想要相信，烹飪會讓我的寶貝女兒快樂，而且這才是最重要的事，我不想面對妮雅日益增加的體重，現在我覺得自己有點鴕鳥心態。」我們有多麼常遮住眼睛，以避免實情的耀眼強光呢？次數可能遠比我們願意承認，也可能遠比我們所知道的還頻繁。麥克的陳述透露出他想要好好保護和撫養家人，他確切說出他的感覺，並且說明他的行為和原因。這是在找出沉默契約時，非常有效的溝通。

妮雅：「有時候我覺得自己應該跟其他女孩子玩，而不是一直在煮東西。身材肥胖，並且知道我有糖尿病，感覺好可怕。部分的我，想要留在我知道自己很成功的地方，就是廚房，以躲避我的人生好遜的事實。這使得我想要煮更多東西。而同時，我也想要成為保持優良家族傳統的人，我真的不想收手。我知道我需要改變，卻不知道該怎麼做，我需要家人的幫忙。」能夠做出這樣陳述的青少年，可說是已表達出非常成熟的想法，她指出問題演變至此，自己有怎樣的責任，以及需要協助來解決問題。考慮到她的問題並不簡單，無法迅速解決，妮雅需要維持紀律一天一天改變她的習慣，這需要勇氣，以及真實持續的幫助。

外婆：「我只是想和孫女在一起，教她古早食譜的做法。我不認為她應該為喜歡吃東西而遭受懲罰，我不想失去這種對我們兩人都意義重大的經驗分享。我不知道該怎麼辦。」外婆顯然沒有察覺到事態的嚴重性。如果外婆不協助妮雅減少烹飪和烘焙（或至少減少油脂和糖），妮雅可能無法堅持到底，改善健康狀況。外婆不只是妮雅的外婆，還是最親密友人，而如果我們最好的朋友、配偶或其他親愛親密的人不認為改變是必要的，那麼就很難出現重大改變。外婆發現到自己沒有答案，便尋求家族其他人協助她了解，需要怎麼做才能提供幫助，給予他們摯愛的妮雅最健康的未來。對於想要幫忙，卻不知道該怎麼做的人，可以仿效外婆的做法。

從今以後

如果你身為強森家族的成員，你會怎麼做？你可以先找出方法了解自己在家族往來動力中的角色，並且思考更健康的家族傳統表現方式。強森一家選擇把他們的活力注入新方向，他們開始從事著重在樂趣、遊玩、運動的活動——而不是食物和烹飪，尤其不是烘焙——來共度時光和創造回憶。由於烹飪已經成為家族維繫活動的核心，他們了解到需要另尋健康的活動來取代它。

他們全都同意要學習更多營養的相關知識，進行劃分所有家族成員烹飪和烘焙責任的家族會議。麥克承諾編列購物清單，採買家族雜貨。外婆說她可以和妮雅一起決定菜單，交由寶拉執作；寶拉承諾負責週末和兩個平日晚餐的烹飪工作。責任劃分讓他們每個人都可以積極採取步驟，來改變食物在其家族中的角色，以及家族和食物的關係。寶拉購買了健康導向的食譜，和妮雅一起研究多健康少油脂的烘焙食譜。妮雅開始享受這樣的實驗，努力創造風味和口感盡可能接近多油脂版本的健康點心。教育和新式烹調雙管齊下，原本的沉默契約開始變成直言不諱，而且是全家族成員都參與執行的協定。新的共識是：**全家族共同分擔責任，把健康的食物、烹飪、烘焙帶進生活，並且在食物為本的傳統上增加新傳統，以實現家族維繫的需求。**這讓妮雅從獨自傳承強森家族食物傳統的負荷中解放出來，給予她更多空間，可以和同年齡的朋友一起玩。

看到強森家的故事，你或許會想到自家和食物相關的沉默契約。為了協助你釐清它們在你的生活和健康中所扮演的角色，不妨考慮使用以下的問題來打破沉默：

- 和食物相關的家族親戚病史是什麼情況？誰了解？誰不了解？
- 童年時的食物經驗是怎樣？又是怎樣帶入你的成年生活？

- 你的家族是否對於飲食和體重議題保持沉默？如果是，原因為何？
- 你的家族成員中，可有因為糖尿病或其他飲食相關疾病而影響生活品質的人？
- 關於食物，有怎樣的信念、假設和期望反映在你的家族傳統？其中是否有出現在你本身對食物的處理態度上？
- 包括你在內的家族成員，誰最可能堅持家族的食物傳統？誰最有可能放手？原因為何？
- 長輩可以分享怎樣的家族故事或傳統活動，讓家族時光改變成著重在關係感情，而不是食物？
- 如果家族成員有人像是快吃死自己，或反過來說，刻意讓自己挨餓時，你是否願意提出來，並且尋求協助？

如果你在盡可能仔細思考之後回答這些問題，便即將揭開你已經內化並持續表現的食物和健康相關默認。如果你可以和家族成員討論這種問題，就打開了一扇非常重要的門，得以了解各自對食物的沉默契約，是怎樣限制他們從事最健康生活的能力。

雙重問題

心臟病和心傷

瑪麗從小就被告知有心臟雜音的現象，而幾年後，心臟專科醫師診斷出她心臟擴大，然後，在她學著接受身體上的困境時，她又經歷到難以置信的深切創傷：她走進家裡廚房，目睹酒鬼父親死在地板上。發生這件事時，她只有六歲，所以不是很能清楚敘述這件事，但是她從聽到母親尖叫聲開始來描述她的恐懼事件。她往驚恐的叫聲跑去，發現爸爸臉朝下倒在冰箱附近。她記得媽媽想要說話的痛苦嘗試——她淚流滿面，卻只能發出無聲的哭噎。瑪麗感覺胸口絞痛，行動像是僵住了好幾小時。

不幸的是，瑪麗直到成年之後，才尋求專家協助處理兒時創傷所造成的情緒傷痕。爸爸過世後，她變成家中「安靜的小孩」，而哥哥姐姐的行為舉止就姑姑阿姨們的說法是，仍保有「適當的程度」。大家都小心翼翼對待瑪麗，一副她承受不了人生的難處。當阿姨提到瑪麗的爸爸時，瑪麗經常聽到：「拜託小聲一點，我們不想讓瑪麗難過。」

瑪麗在大學期間，變得焦慮沮喪。有時候，她會感覺到非常孤立封閉，整天都沒有離開房間。她的室友一度非常緊張，通知了健康中心。最後，她不得不休學一學期，雖然她仍設法拿到學位，但畢業之後，瑪麗還沒準備好面對源自創傷的日常煎熬。經過多年苦於焦慮、沮喪和大大小小的恐懼，瑪麗告訴自己：「這個創傷讓我憂鬱，我這輩子都要背負這個重擔了。」瑪麗假設情緒低落就是她人生的一部分，而且直到永遠。為此，她不斷跟所有約會的男人分享這個「雙重心傷」的故事，希望對方有夠強健的心臟跟她在一起，卻也相信永遠無人能辦到。

探究其中的沉默契約

瑪麗的沉默契約第一部分是：**當我揭露自己的創傷和憂鬱，人們就會可憐我，對於我這個人只看到我的病。**她的沉默契約第二部分是：**她相信自己必須和恆久不變的重大情緒創傷共存，她的整個人生都將如此。**瑪麗的傷持續成了一種情緒觸發；心臟病和爸爸悲劇的死亡方式，日復一日造成她羞愧和痛苦。即使醫療也沒有幫助。她害怕這種憂鬱是會永遠籠罩她的雲層，隨著這樣的可能性而來的是，更加脆弱和遭受壓倒性失望的風險。她也敏銳地意識到家人看護她有如雲霄飛車般的人生而來的疲累，她的希望隨著新的治療方案出現時提升，又繼之以失望和更嚴重的憂鬱。她猜想如果她默默認命接受人生，大家是不是會比較開心。

解除沉默，從今以後

瑪麗迫切想要找到一條脫離絕望的道路，但是她的家人對此卻無法提供任何答案。但是，跟改變情況幾乎一樣有力的是，改變自己對於情況的認知。和優秀的治療師合作，有助於她進行這樣的轉換，所以她可以開始看待自己是一個擁有遠比病症更美好的人生的人。

就跟任何人面對複雜的健康挑戰時一樣，瑪麗有很多事要考慮。她了解到一直沉浸在自己認為不足的地方，對她的心理健康沒有幫助。她需要重新評估自己想要成為怎樣的人；該是成為自己的主人，不要受制於焦慮和憂鬱了。除了持續治療外，她把針灸、瑜伽、祈禱、冥想和營養控制等正面實踐，納入她的人生，另一方面，無數的有用資源也讓她獲益良多。

如果擁有像瑪麗這樣的沉默契約，不妨考慮詢問自己以下問題：

一、我有什麼行為會讓人們把我視為健康有狀況的受害者？
二、我可以採取什麼步驟，來停止把自己看成受害者？
三、我要怎麼把自己看成身體健康，足以擁有快樂人生的人？
四、我要怎麼學會，我有權享受一個不是由健康重擔所定義的人生？
五、要過著以健康為重的人生，需要我採取什麼行動？

找出痛苦人生的根源，是我們所有人都面對的一個挑戰，瑪麗也很清楚。儘管這無法阻止心情起伏，或是改變她的心血管疾病進程，卻緩緩開啟她對自己的默認。我們全需要好好體會所察覺到的健康疑慮。或許，如果我們轉移焦點到某種值得慶祝的整體自我，我們就可以拋開生病所造成的悲傷絕望等恐懼，注意到維持沉默契約可能不再需要或有用。

三明治世代和健康風險

即使對於最有條理和樂觀的人來說，步入中年還是令人生懼，但要是你明確處於所謂的三明治世代，你可能在撫養孩子的同時，又要照顧年長的父母。這就是中年的喬・馬丁・路易斯——一家成功公關公司的VP——發現自己所面臨的狀況，而壓力與日俱增。

喬・馬丁・路易斯

喬在身為一個好爸爸、好丈夫和好同事等各方要求時，他的平衡做得非常好，他同時也密切注意自己的健康。他總是覺得自己對周遭的人們有責任，而他的自我期許非常高。後來，他的媽媽被診斷出潰瘍、青光眼和阿茲海默症。一如既往，喬也投入去照顧她。他的生活步調開始變得筋疲力竭，在許多天之中，他感覺像是被壓垮了般又無所適從。多年來，喬一直可以仰賴爸爸照顧媽媽。現在，他的爸爸必須處理自身的健康衰退問題，責任於是交到喬身上。喬開始難以入眠、胃口不佳和難以專注。在辦公室，他向來可以完全專注於一項計畫，但之後，爸爸開始一天打兩、三通電話過來：「你媽媽的記憶力變差了。」喬決定，要處理父母健康狀況衰退，最好的辦法就是，讓父母搬來，三代同堂，於是他就這麼做了。當家庭成員配置出現這樣的改變，他經常必須熬夜到深夜，才能完成公司計畫。

隨著他的照護責任擴展，喬的妻小開始感覺到和他的距離逐漸增加。妻子說他的個性變了，變得像是心煩意亂、暴躁易怒。喬開始出現胃部問題，嚴重到服用抑制胃食道逆流的藥丸成了他日常飲食的一部分。接著是頭痛，然後是好幾次劇痛不已的背痛。

探究其中的沉默契約

喬對自己的沉默契約是：**為了要成為一個真正的好丈夫、好爸爸和好兒子，我必須把自己擺在最後頭，要照顧好在我人生中每一個重要人士。**喬的模式總是：先說好，再找出怎麼完成他剛才的承諾。他會告訴自己，他的人生「暫且」不是他自己的，但等所有人都安定下來、有保障，就又會再度是他的。另一方面，他太太的沉默契約是：**如果我一直注意著喬，讓自己確信他沒事，就用不著擔心他是不是陷入困境無法脫身了。**不過，她的確開始擔心了，而好一段時間，他們就是沒有談起這件事，他們會討論生活的細節，輕輕帶過他超載的負荷對於他們的婚姻、孩子，尤其是對於他的健康所造成的影響。

解除沉默，從今以後

喬如雜耍高手般，擅長扛下眾多責任，他喜歡知道接下來的任務，卻不擅長談論自己過重的負荷，這甚至到了讓他的責任義務對健康造成負面影響的地步。對喬來說，直接進行下一個任務容易多了。但是，該是進行重要對話的時候了，有許多關於工作和生活之間的平衡、照護和大家健康的問題，可以協助喬和他的妻子梳理目前的狀況。例如說：

- 有沒有方法把一些照護工作分擔出去？這樣喬就不會是唯一承擔責任的人了。
- 喬可以怎樣調整他的工作，讓他可以維持工作稱職，又可以照顧他的健康？
- 對於無法扮演好父親、丈夫和照護者，喬有怎樣的恐懼？他和妻子可以怎麼做來舒緩這樣的恐懼？

- 讓孩子參與更多爺爺奶奶的生活是否可能和適合？
- 有什麼可用資源能夠協助成年孩子處理「三明治世代」的責任？
- 我們是否真的考慮過長期計畫，並且尋求了所有可用的照護資源？

喬和妻子需要以夥伴、以同一團隊成員的態度來討論。他們可以齊心協力開始調整日常行事和責任，這樣喬就可以維持健康，並且接受自己用不著當超級英雄。有許多可以讓他們減輕負擔的迅速改變，例如，他們可以尋求專業建議、聘請看護，為兩人安排定期的約會，單獨享受寧靜時光。他們也可以安排家族時間，這應該包括可以讓大家互相關注的運動或其他活動，這種提前設想的計畫可以讓家族得到最大好處，較多的家族時間和良好的責任劃分，可以讓喬減少壓力，而且更為健康。

那你呢？

如同所見，沉默契約不管在你維持或偏離健康上，都有很大的影響。你是否因為默認既然沒有症狀，自己就不會有問題，而推遲了人家建議的健康篩檢？是否有家族病史，你卻遲遲不肯去做相關檢查？或許你沒要求新男友去做性病檢查，是因為覺得這樣勢必會帶來很令人尷尬的對話？那外觀奇怪的痣呢？它從未攤開在陽光下，你不容易看到它，所以暫且忘了它或許也沒關係。或許，你感覺情緒低落已好一陣子，卻害怕告訴別人後，會蒙上精神不健全的污名；你默認自己不治療，畢竟你又沒瘋，所以何必讓自己生活中的任何人，有理由去猜疑你的心理狀態呢？

這些情景聽起來熟悉嗎？這些是和我們身體健康相關的常見沉默契約，它們源自於恐懼、絕望和不想面對不安感。因為害怕，所以我們告訴自己，不知道最快樂。當我們的信念和強健或虛弱、適任或不適任，充滿活力或精神萎靡等議題結合，就會發現自己做出限制住我們發展最佳健康狀況的沉默契約。這樣的信念值得去挑戰，這也是挖掘出關於健康的沉默契約可能是最為重要的原因，而且愈快愈好。

第九章 沉默契約工具包

我們的工作要面對來自各種背景和經驗的人們，我們觀察到當人們改善了生活中的一種人際關係，這樣的改變也會帶來他們人生其他層面的進步。這些人變得更為堅強、快樂和健康。現在，你已經看過先前的章節，進行過一些訓練，可能已經察覺到自身的一些沉默契約。本章的訓練將協助你更能探究你的沉默契約，並且展示出如果你願意為自己發聲，找出人生中的沉默契約，能夠達成怎樣的重大改變。

接下來將提供更完整的工具，讓你更加確定自己是否持有沉默契約。接著再協助你揭露底下的信念、假設和期望，最後讓你可以剖析這些核心問題。而這套完整的訓練，也收錄在本書最後的附錄。

如何知道自己是否持有沉默契約

探索和傳達你的假設、信念和期望

試想一個情況，你認為自己是一項沉默契約的一部分，對方可能是你的伴侶、孩子、父母、朋友或同事。然後，完成以下的開場白，以取得更多的了解。

- 我從小就有一種信念，就是（專注在和這個情況相關的信念）……
- 我假設他／她／他們知道……
- 我因此期望他／她／他們會……
- 我告訴過（沒告訴過）他／她／他們我相信的是……
- 我告訴過（沒告訴過）他／她／他們，我假設他／她／他們知道……
- 我告訴過（沒告訴過）他／她／他們我期望的是……

如何進行

妥協範例

你和你的伴侶一直出現同樣的爭執，你準備好展開同居生活，伴侶卻認為言之過早。你們找不到解決方案，但兩人誰也不願意提議分手。如果進行這樣的訓練，你們的想法可能會像以下完成的粗體字句子：

你：

我從小就有一種信念，就是如果有人愛我，他或她會對我做出明確的承諾。

我假設你知道如果你無法致力達成所愛的人的願望，就透露出你不愛他。

我因此期望因為我們相愛，你會想要展開我們的同居生活，以展現你對我的愛、你對我們關係的承諾，以及你想和我結婚的意圖。

寫下你傳達的內容

現在，自我確認一下，你對於自己的期望，做到多少程度的傳達，請選擇最適合你的答案。

例如：

我告訴過我的伴侶，我相信如果他愛我，他就需要做出更強烈的承諾。

我說過／我沒說過／我還沒做好準備要說

我告訴過我的伴侶，我假設他知道，對我來說，同居是展現他的愛以及他的承諾程度。

我說過／我沒說過／我還沒做好準備要說

我告訴過我的伴侶，因此我期望他跟我同居，以展示他最終要和我結婚的計畫。

我說過／我沒說過／我還沒做好準備要說

找出你的障礙

這個訓練有助於你找出你在傳達期望時的障礙。

以一到十級為程度，他／她的行為有多符合我的期望？（一是完全不符合，十是最為符合），圈出你的答案。

一　二　三　四　五　六　七　八　九　十

然後在下面的問題中，回答是或否。如果你不知道怎麼回答這些問題，你可能會想思索一下自己對於傳達期望是否做了充分的準備。

- 如果不符合我的期望，我是否等著他／她去改變？
- 我是否等著對方跟我談論對我們關係至關重要的議題？
- 我是否想要自己提出來，卻因為恐懼或厭惡攤牌，而感覺像是被困住了？
- 我已經等了多久？為什麼？對於傳達我的期望，我感覺到怎樣的恐懼？

如何進行

範例

你注意到的障礙：

在做這個訓練時，**你很可能非常在意，現在你已經等了一年**，希望他開始尋找同居的地方，而你**希望他開始跟你說**，他還沒採取這個行動的原因。**你們彼此的期望相符嗎？**或許你也可以對自己承認，雖然你的伴侶愛你，但是你也害怕**他沒有愛你到想要跟你同居或跟你結婚**，也或許完全沒有人願意。

我的沉默契約特徵

接下來，把適用在你身上的陳述打勾。

進行訓練時，如果發現有一個或兩個以上的陳述適用在你身上，請別擔心。沉默契約通常會有很多層面，所以可能會以許多方式呈現。

- 你抱持著一直沒談論過的價值觀。
- 你的期望並沒有得到滿足。
- 你在等待對方改變他或她的期望。

- 你在等待對方談論和你的期望有關，同時對彼此關係的幸福也至關重要的議題。
- 你抱持著恐懼，它助長了你的沉默，而且／或是你重視自己的人際關係中助長這種沉默的層面。
- 直到最近你才了解到，這一直出現在你們的關係之中。

如果你在完成這些練習時，遇上困難，或許需要探究對自己的妥協。

現在你已經看過範例了，請試著完成各部分的所有訓練，以找出你是否持有沉默契約。

首先，思考一個你認為可能存在著沉默契約的情況。這可能出現在你和親密夥伴的爭執之中，工作和事業的挫折之中，或是家人和朋友讓你感覺到的負擔之中。找一個不受干擾的安靜地方，給自己時間好好回答每一個問題。你可能需要一陣子，才能完成所有問題。

記住：

- 不要急，慢慢來，誠實完成所有的問題。
- 請考慮到你的核心信念和假設，這很重要。
- 好好思考早在目前關係出現爭議前，就已經存在的信念。
- 如果你經過慎重思考來完成這些訓練，就應該可以確認自己是否有參與沉默契約。

溝通的新方法

完成以上的訓練，並準備好分享時，考慮以下幾點：

- 如果可以，這個狀況的哪一部分是你想要談論的？
- 探究過這些議題之後，你對於這個狀況可有怎樣不同的想法？
- 描述你一般是如何跟一個對你重要的人士，像是你的配偶、上司或家人，溝通敏感話題。
- 你現在能設定怎樣的規則和方針，來協助你告訴人們你真正的需求？考慮心情、背景、時機和地點。例如說，你可能要確保是在心情平和，並且經過良好休息來談論，為對話設定時限，事先寫下你的主要觀點。

● 說出你想要在對大家都好的指導方針下，好好溝通的打算。例如：「我們這個週末能不能談談，即使只是談一下子，是關於你弟弟還會在這裡住多久的事？」

讓我們再看看以下的例子，以了解你要怎樣完成這部分的訓練，它又是怎樣可能協助你繼續前進。

如何進行

妥協範例

你會想要討論這議題的哪一部分？

你可能會告訴伴侶，你對於他不願意和你同居的解釋是，這代表他不夠愛你到想要跟你結婚，但對你來說，同居卻可以讓你堅定相信他的愛意和承諾。

你要怎樣才能有不同的想法？

就這一點來說，你需要知道他是否真的想要這段關係。沉默契約的真實根源在於，你害怕自己會失去伴侶，而他害怕在做出堅定承諾之前自己還不夠成功的話，可能會在永久關係中覺得自己不稱職。試著探究隱藏在他的抗拒和你的不安全感底下的恐懼。目標是要找到可以加強你們對彼此的承諾，同時又讓你們兩人都覺得自在的方法。

你一般都是如何溝通敏感的話題？

或許你了解到，當伴侶沒有完全投入對話時，你總是偏向於抱怨。這一次，告訴你的伴侶，你想要他在下星期好好思考什麼問題，這樣他就可以準備好進行一場積極有建設性的對話。

你可以設定怎樣的方針，協助對話順利進行？

因為你知道伴侶已辛苦工作了漫長的一天，你會問他說，在他休息時，什麼時候有空跟你共度一段不受打擾的時光。如果你們兩人都在充分休息過後，沉著平和地展開對話，就可以清楚思考，也可以較為樂觀。如果你知道你們當中有人比另一人更能忍受冗長對話，先從五到十分鐘開始，而要是你們有人已開始無精打采，就計畫以後再重啟這個話題。

展開對話

這個訓練的最後步驟是展開你已經準備多時的對話，分享你對這個狀況所一直抱持的信念、假設和期望。談論因為這些信念、假設和期望，你現在所了解到的事情進行狀況。邀請對方也這麼做，這應該可以協助你們雙方了解自己是怎樣參與沉默契約。

如何進行

妥協範例

你可能會和伴侶說的話：

我相信如果你愛我，在我們交往的這個時刻，**你就會想要對我做出承諾**。**我假設你知道**我們關係的**下一步會是展現**我們對彼此的承諾，然後帶領我們進入**我們的最終目標——婚姻**。因為你告訴過我，你有多愛我，而且我們已經在一起兩年了，**我期望**你想要**跟我一起搬家**。事實上卻是，你一直抗拒同居，讓我懷疑你是否真的想跟我在一起。**我默認就這樣留在這段關係之中**，因為我害怕發現**你可能不夠愛我**，最後無法跟我結婚。**我希望我們可以多談談**我們的潛在恐懼。我們可能會發現，它們甚至跟這個議題無關，這樣可以嗎？

選項和後果

記住，處理沉默契約，並沒有一定的做法，你可能會認定，這個協定對你管用，不需要改變它。你可能會認定，你的沉默契約中只有一些要素是需要你注意的。或是，你可能決定剔除整個協定，因為你不喜歡、不需要，也不覺得它有用。選擇永遠在你手上，但誠如所知，你所做的選擇會帶來後果。

探究人際關係中的沉默契約時，思考你在本書已經找出的這三個場景會想怎麼做是很有幫助的，也就是：保留、重新架構，或是終結它。以下的表格讓人一窺不同選擇會有怎樣的可能結果，而面對已經發現的沉默契約時，可使用這個表格來協助你決定怎麼做。

思考一個存在於你的人際關係中的沉默契約，寫在第一欄，接著思考你處理它的選項會帶來怎樣的可能結果。

我的沉默契約	我的信念	我的期望
	保留。符合需求，管用。	讓人心滿意足。
	保留。不符合需求，不管用。	你仍舊痛苦，和它共處。
	終結。不符合需求，也不管用。造成傷害，而且／或是令人失望。	你覺得鬆了一口氣，改變像是可能，而且較為容易。
	重新架構。你有新的領悟，想要加以調整。	以互相了解為基礎，發展出共同目標。

表格的關鍵問題：

- 可有任何行動能夠實際改變或改善你的狀況？
- 你能接受結果嗎？
- 你對結果是否會感到滿意？

和自己的沉默契約

記住：和他人的沉默契約，始於你和自己的沉默契約。在回答我們就人際關係中的沉默契約所做的提問時，你如果曾經遇上困難，可能該是探究你和自己的沉默契約的時候了。以下是關於感覺和想法的初步確認單，協助你了解目前是否有和自己的沉默契約在運作。

以前可有這樣的經驗？

對於自己的痛苦、壓力或對自己的許諾，保持沉默？
發現過自己做出不符合個人價值觀的決定？
經歷過自身不斷重複的衝突？
做出和你個人基本信念或價值觀矛盾的行為？
發現你不再甘心隱藏自己的感情或是期望？
發現自己在棘手的對話中，對於沉默感覺到不自在？

如果對以上問題，你有做出任何一個「是」的回答，表示你已準備開始問自己直截了當的問題，以揭露你和自己的沉默契約。

改變你對自己的沉默契約

改變通常包含選擇和承諾。做出選擇來探究你和自己的沉默契約是第一步。現在，來做出承諾，只有你才知道自己什麼時候準備好進行這非常私人的探究。你可能會自問：

- 我可以接受我可能發現的事嗎？即使它不如我的預期？
- 一旦找出我對自己的沉默契約，我是否有能力去改變它們？
- 甚至是否有必要判定我一直默不吭聲的原因？
- 我的沉默讓我受益還是受損，抑或兩者皆是？

當你可以辨識出，在周而復始去迴避、忽視或延遲進行自我認知的背後原因，就已準備好可以展開誠實的自我對話了。試著找出沉默契約產生作用，使得狀況失常的情況。如果你的協定很順利，很容易遵從（像是：「我永遠不會欺騙我的丈夫。」），那麼太棒了！那是因為產生作用的妥協，雖然是無聲沉默，卻支持著你所重視、相信和假設的東西。但如果因為改變生活的事件，像是離婚、死亡、生重病，或甚至沒有明顯理由，使得環境有了變化，新的沉默契約（「我永遠不會讓配偶知道我真正賺了多少錢。」或是「我永遠不會承認自己有多怕死。」）可能浮現，造成衝突。像這樣的例子中，試著確認你創造這個沉默契約的時間和原因。

- 你是否認為自己可以從別人的角度來考慮自己的沉默契約？客觀的友人（沒有參與妥協）或許可以提供有用的觀點。
- 你擁有怎樣的記憶，可以協助了解你和自己出現沉默契約的背後原因？

揭開對自己的沉默契約

探究對自己做出的沉默契約，需要深入了解及自我檢視，才能移除沉默，準備迎向一個更加符合你的需求和目標的新協定。等你準備好開始，記得使用本書的通用準則來揭示沉默契約。

一、回首過去

這個步驟很關鍵，是一個你不能跳過的步驟。探究對自己的沉默契約時，努力回想你為什麼這麼說或做出某事，又為什麼你在這種情況保持沉默的由來。**為什麼？**仔細思考你和家人朋友的早期互動，是如何在塑造你的行為，和目前對自我的感覺產生作用？發展出這樣的自我認知，有助於了解並清楚表明目前的沉默契約，讓你得以掌控那些從過去進入未來的事物。

二、和自己的思緒共度沉靜時光，確認來到現下的路徑

不管你是在處理個人關係中或職場生活中的沉默契約，考慮找個不受打擾

可以專注進行這個過程的時間和地點。

三、明辨要務

盡量拋開評判和指責。認可自己的情緒，但專注在你想要達成的目標。當你為自己的行動負起責任，而不是怪罪或指責自己，就可能產生正向的結果。目標是要透過你想法、感覺和信念，以達成一種新的理解。記住，堅持事情按照你的方式繼續，**未必是**你的最佳解決之道。

四、拿出勇氣

深吸一口氣，大聲說出你對自己默默保持的協定。藉著打破沉默，有助於排除諸如內疚和恐懼等負面情緒，採取這些入門步驟的人，通常會浮現驕傲、勇敢，甚至是輕鬆的感覺。

五、從消極應變到先發制人

了解你對自己的沉默契約，有助於你和生活中重要人士相處。

對於自己的幸福從消極應變轉變成先發制人，你就承諾了一種清醒掌控的形式，這包括要跟自己確認新增或殘留的沉默契約，以免虛度眾多時光；同時要確保能欣賞自己，並在各種關係中感覺到有價值。

當你先發制人尋求探究你和他人的沉默契約，並發展出開啟對話的新方法時，要避免使用「我們的看法永遠無法一致」這樣的句子，改採像是「我想要聆聽更多，我想努力了解你會如此堅決相信的原因」。這樣的語言運用經過練習會更加自然，也會有很好的成果。

經常檢視讓你最早建立沉默契約的潛在觸發原因——像是你的信念、假設、價值觀和期望，是再重要不過的事。這種探究可以讓你在創造和討論沉默契約時，更能掌控自己參與的部分。

仍然很難和自己或別人展開對話？

你可能需要幫助才能繼續向前進，推開沉默聽起來很容易，但如果有任何情緒包袱，在這個過程可能需要力量和支持。你必須努力克服從中作梗的恐懼，像是恐懼攤牌、恐懼失望、恐懼讓另一人失望、恐懼失去一段關係，以及恐懼失敗等等。找尋可靠的資訊和資源，求助有愛心且訓練有素的治療師或教練，有助於提升自尊，讓你可以實行棘手的對話。光是修改處理方式的這個意願，就已是一個非常強大的工具，所以請深呼吸，信任這個過程。

找尋自己的方法

試著在不去內化負面感覺的情況下，思考你的沉默契約。這個練習將協助你從消極反應到主動決定你的注意力要放在哪裡。

- 平靜地提醒自己，有時候人就是會傳送出混淆的訊號，不是只有你會這樣。
- 要自己放心，假以耐心和理解就可以探索到處理個人妥協的不同方式，並且傳達出更好的結果。
- 不妨找一個你信任的人說說話，讓你好好傾訴——沒有建議，只是聆聽。如果對方也向你坦承**他或她**的沉默契約時，可別太驚訝。
- 認可面對困難事實會帶來極大的滿足感。
- 找尋啟發你的事物。

解除沉默

當你從沉默的情緒荒漠中現身時，請留意剛開始傾洩而出的不實際需求、空想、恐懼、希望和增強的期望，可能會淹沒你和對方。找出勇氣來放寬你和他人以及和自己的關係限制，這將會讓你覺得更加堅強和有朝氣。

隨著你努力穿過自己的沉默契約時，你可能會發現自己想要直接詢問自己或他人，以便更了解推動你和你的關係的東西是什麼。練習誠實和坦率地溝通，詢問尖銳問題也用不著道歉。儘管不是每個人都像你一樣善於言詞，但用不著怯於要求直接的答案。如此一來，你會發現原本尷尬的對話，將變得較容易，這種開誠布公的溝通有助於**防止**沉默契約編隊成陣形。

破除沉默契約的好消息

這個任務未必容易，不是一蹴可得。它需要練習，願意追根究柢直入問題核心。而孩子在我們教導他們要有禮貌之前，是可以自然做到這件事。好消息是，在你內心深處約略知道到底發生什麼事。等你把它帶到表面，你就會覺得輕鬆許多。

注意事項

在處理你的沉默契約時，記住這些注意事項，它們會幫助你樂觀有活力地堅持到底。

進行前：準備處理你的沉默契約

要從事振奮人心的例行活動，像是運動、跑步、祈禱、冥想、鍛鍊、瑜伽、按摩或是和朋友往來，這將讓你做好準備迎向即將進行的工作。

要預想正面的結果。

要和你信任的人分享，說你正在進行這件事，並且想要他們的支持。

不要展開這個過程，如果你覺得難以承受。在這趟行程中，你需要身上的全副資源。

不要承擔其他情緒課題。

不要從事多重任務。

進行期間：一旦展開行程

要注意健康。

要質疑不利自身的個人習慣（酗酒、衝動行為、暴怒、過度反應等等），尋求專業協助，別等到行為失控。

要休息，抽空好好玩一下，從事你喜愛的事。這有助你以宏觀角度看待事情，並且維持你的活力。

要一步一步來，羅馬不是一天造成的（其他城市也一樣）。

不要忘記和可能不了解你正經歷著情緒劇變的親友保持聯絡，容許自己花時間和最有幫助的人相處。不管你認為怎樣對自己最好，就是允許自己花時間。

不要隨時都在思考和談論沉默契約，這樣會耗盡你的情緒資源。

不要對自己太嚴苛，萬一進展不順利。困難是可以預期的，這正代表你很努力。

進行後：餘韻繞梁

要讚美自己做得好。

要重訪你新的協定，以確保它們對你管用。

要繼續保持和他人的坦率溝通。

不要認為工作已經結束，這是一項進行中的過程，可能既有收穫又有樂趣。

不要期待沉默契約會永遠離去，它們還是有辦法重現，但現在你已經握有處理它們的工具。

不要對新的關係失去耐性，給予別人時間來熟悉這個方式、來誠實檢視他們自己，讓他們慢慢信任你到足以透露心聲。

重建沉默契約

一旦分辨出在人際關係中發生作用的沉默契約，你就有能力重建、終結或接受它們，並且可以把兩個人看成是共同持有共享的沉默契約。同時，你可以選擇保留協定中合理的部分，捨棄不合理的部分，或是在新的諒解下，在符合已公開坦承的需求下，直接從頭開始。從妨礙你的沉默契約中釋放你自己和關係，這個行為就已經非常充實。現在，你可以走出扮演多時的角色，單純做自己。

問與答

問：如果我和伴侶去進行婚前諮商，以便找出我們的沉默契約，預防往後的關係發生問題呢？

答：除非運作在你自身和在你們關係之間的沉默契約顯而易見，婚前諮商可能無法讓你伴侶預料到，你們會怎樣處理彼此關係所必須面對的課題。生活重大的事件，可能引發過去形成的沉默契約出現有害反應；這些不見得預想得到。然而，婚前諮商可以協助你察覺到沉默契約，學習對此坦率溝通，對你的婚姻有莫大助益。

問：為了避免對朋友、配偶、同事或手足形成沉默契約，我現在是否得討論每個進入腦海的想法和感覺？

答：當然不可能這樣。記住，我們全都和沉默契約共存，不管它們是不是我們刻意製造出來的。如果可以的話，你與其大聲表達你所有的想法，不如在問題出現的早期，就試著花時間了解它們。在你給予自己機會觀察和整理自己對於某個狀況的想法之後，你就能夠更有效果地和其他牽涉的人士分享此事。

問：我們難道不是全都和他人或和自己有著沉默契約？

答：是的，沒錯。對於其中許多協定，我們就只是接受和它們共存，直到我們下定決心想要改變，或是找出勇氣公開討論這些內化的感覺。

問：對我們而言，沉默為什麼如此重要？

答：默不吭聲的感覺和潛伏隱藏的想法讓我們感到安全，即使它們帶來的行為會和我們真正想要的結果背道而馳，我們卻可能還是寧可迴避完全揭露的風險。

問：我們怎麼可能會置身這樣的親密關係之中，既然其中有這麼多我們難以接受的感覺和想法？

答：人們往往選擇跟他們一樣有著潛藏感覺、信念和期望的伴侶，雙方可能都投入了許多精力來保持沉默，並且「同意」隱藏「難以接受的」感覺，是和對方互動的最保險方式。因為我們經常找到其他像是能夠共享我們沉默契約的完美候選人，我們就會長期留在這些關係之中，當其中一方或雙方感覺有需要打破或是改變協定，你們很可能就難以維持目前的關係狀態。

問：我們為什麼不乾脆早一點對伴侶、家族成員、同事和朋友詢問這些根本問題？為什麼不一開始就找出事實？

答：沉默契約提供了保護，讓我們免於揭露可能很難去聽、去看、去感覺，或是去了解彼此和我們本身的事。我們消極地同意忽略對方的問題，這樣他或她也會做做人情，對我們的問題不聞不問，這是一種我們不斷和別人產生的「不問不說」的聯繫，主要因為，這就是我們和自身所做出的一種妥協形式。

問：可曾有人發現到對其人際關係有用的沉默契約？

答：有，絕對有。而我們往往不會注意到這種協定，因為它們補足了有益的需求。例如說：假設你的丈夫喜歡早上喝杯熱騰騰的咖啡，但他對於起床出門，卻是個慢郎中。另一方面，你是個精力充沛、善於打理的女人，喜歡起床後馬上準備出門的早起者。有一天，當他剛進去淋浴，你對他說，等他準備好要喝咖啡，就吹口哨。他吹了口哨，你就端了咖啡給他，他同時繼續準備出門。你給了他咖啡後，便衝去上班。兩人就持續了四十年這樣的傳統。如此一來，他可以在沒有壓力下慢慢來，而你可以採用小動作，讓事情加快，同時讓兩人自在。這是一個沉默契約的美好例子，因為讓雙方都很受用，所以一直未被注意到。

問：如果我們年紀老大，是否仍應該這樣發掘自己的沉默契約？畢竟，如果沒有破損，何必修復？

答：眾所周知，關係長久的人不見得都是快樂佳偶。沒錯，對於最小程度的明顯緊張狀況或不和，有些人會找到和平共存的方式。然而，等來到夫妻之間時間較多而責任較少的人生時期，沉默契約可能會抑制關係中的歡樂。所以，他們往往會覺得生活呆板，納悶：「就只是這樣嗎？」而不會享受人生時光。所以，是的，處於關係任何階段的任何人，都可以藉由釐清協定，而得到好處。人們可以保持對他們來說有益而且管用的部分，如果他們檢視到不太健康的陳年沉默契約，並且學會表達後面隱藏的事物，他們的黃金歲月才能真正金黃。

問：性生活呢？如果我有未解決的沉默契約，能否期望享有美好的性愛？

答：這要看你處於沉默契約過程的什麼地帶。如果你和伴侶（們）曾試著揭露沉默契約，這樣整理關係的嘗試也會協助你整理你的床上經驗。所以如果至今你一直享受著美好的性事，發現並調整你的沉默契約可能帶領你享受更加有力、更有聯繫、更具心靈和興奮的性生活。另一方面，如果美好性愛是你的沉默契約的基石，你可以繼續陶醉在性愛裡，直到你們一方或雙方想要了解「美好性愛協定」所隱藏事物。揭露隱藏的協定後，你未必會不再享受性愛，但是你可能會開始了解到，這段關係還有其他令人滿足的面向，得以支持這段感情。

小訣竅

- 當你開始在交往關係中展開這個行動時，要做好心理準備面對他人的阻力。這是一個新嘗試，而且剛開始顯得有點威脅性。準備聽到人家說你「小題大作」、「太敏感」，或「無中生有」，請把這些阻力當成你是走在正確道路上的象徵。
- 如果你注意到，在你大部分的關係中，你開始改變成一個尋求他人贊同或經常忽略自己價值的人，這當中可能存在著沉默契約的跡象，這種類型的關係中，你很少感覺你是在做自己，訓練將有助於你找出模式。
- 如果你開始懷疑自己經常選擇和控制型對象展開關係，你可能和自己存有延續這模式的沉默契約，控制型對象可能是同事、老闆、配偶或是手足，而控制形式可能有積極型也有消極型；共同要素是，你選擇了關係中的依賴角色。例如說，你是否總是選擇了情感上已有歸屬或不成熟的夥伴或朋友？他或她可能藉由把你放在懸而未決或邊緣地帶，或是無法確定你的地位，而消極地控制你。你可能也同意這種控制，避免談及這個問題，因為**對你來說孤獨還比這種狀態可怕**，這是某些沉默契約中的共同信念。

● 如果你在大部分的交往關係中，都成為了可靠的照護人，你可能處於一個提供者／保護者的協定之中，關鍵是要檢視你的模式，本書提供了線索，得以發覺隱藏在你做出這樣沉默契約底下的感覺，如果你覺得被忽視、被輕視、工作過度、被壓垮，或感覺你和你所保護的對象生活較有關聯，而非自己的生活，那麼你很可能涉入一個沒有考慮到自己的照護沉默契約。

● 在性愛的領域，無論如何，不要忽略你的感覺。這個領域往往是沉默契約的地雷區，雙方都小心翼翼以避免災難發生。當你拿出勇氣，致力找出你和伴侶之間的協定；就可以發展出自我肯定感，將給予你更多的歡愉！

附錄

如果想要專注於本書所提供的訓練，我們已把它們匯集在隨後幾頁，以下是訓練清單：

一、著手溝通沉默契約
二、溝通方式
三、探索和溝通雙方假設、信念和期望
四、注意你的溝通／辨識你的障礙
五、信念、期望和行為的交叉面向
六、沉默契約格線圖

一、著手溝通沉默契約

首先，思考一個你認為可能存在著沉默契約的情況，這可能出現在你和親密夥伴的爭執之中，工作和事業的挫折之中，或是家人和朋友讓你感覺到的負擔之中。找一個不受干擾的安靜地方，給自己時間好好回答每一個問題。你可能需要一次完成一小部分。

記住：

- 不要急，慢慢來，誠實完成所有問題。
- 考慮你的核心價值、原則、信念和假設。
- 好好思考早在目前關係出現爭議前，就已經存在的信念。
- 經過慎重思考來完成這些訓練之後，對於自己是否參與沉默契約，你應該可以有所了解。
- 考慮心情、背景、時機和地點。
- 說出你想要在對大家都好的指導方針下，好好溝通的打算。例如：「我們這個週末能不能談談，即使只是談一下子，是關於你弟弟還會在這裡住多久的事？」

二、溝通方法

以下的反思性問題有助於你引導對話：

- 如果可以，你會想要討論這情況的哪一部分？
- 探究過這些議題後，你對這情況可能有怎樣不同的看法？
- 形容一下，你一般都是怎麼和配偶／老闆／家人等等，溝通敏感話題的？
- 現在你可以設定怎樣的規則和方針，來協助你說出你真正的需求？例如說，你可能要確保自己是在冷靜並且充分休息後，才來進行談話，為對話設定時間限制，事先寫下你的主要觀點。

對話開場白

開始時，可以讓老闆、朋友、家族成員或情人知道，你想要嘗試一種溝通的新方法，以處理雙方之間的問題。以下有幾個例子，示範如何和對方溝通你所關切的問題。

- 我和你之間有了問題，而我們兩人都讓它持續下去，我希望我們可以一起解決這件事。

- 我們之間的關係開始瓦解，但這期間，我只知道我有多愛（相信，尊敬，在乎）你，我不想我們裝作彼此之間的問題並不存在。
- 我需要離開一個週末，喘息片刻讓自己冷靜下來，這樣我才能專心思考原諒，以及我們要怎樣不帶罪惡感和羞愧感，好好討論這件事。
- 我很擔心有一些我們還沒談到，卻可能會影響我們一起合作的事，我在想你對此是否也有同樣的關切？
- 談論這件事對我而言並不容易，但我希望我們可以幫助對方說出需要說的事。

對話回應

以下是回應對話開場白的可能語句、陳述、問題和感想。

- 我也還沒有對你完全敞開心房。
- 我也很想更坦率一點，但是現在這還太痛苦。
- 在我看來，現在只是一小部分，未來還有更重大的對話要討論。

- 這感覺像是又延續了我們很久以前所進行的對話，我還以為我們已經解決問題了。
- 我需要對這件事再思考幾天，等我準備好可以談它的時候，我會讓你知道。
- 我不知道你想知道我**真正**的感覺。如果真想知道，你需要在不打斷我的情況下，好好聆聽。等你做好準備時，你能遵從這樣的做法嗎？
- 為什麼要討論對我們已經沒問題的事？何必要談？
- 我保持沉默太久了，我猜想我以為談論這件事會讓情況更加嚴重。
- 我現在還沒準備好要思考這件事，給我二十分鐘，等今天比賽結束後，好嗎？

三、探索和溝通雙方的假設、信念和期望

思考一個你可能認為自己參與了沉默契約的情況，妥協的對方可能是夥伴、孩子、爸媽、朋友或是同事。然後完成以下的句子開場白，以取得更多的了解。

- 我從小就有一種信念，就是（專注在和這個情況相關的信念）……
- 我假設他／她／他們知道……
- 我因此期望他／她／他們會……
- 我告訴過（沒告訴過）他／她／他們我相信的是……
- 我告訴過（沒告訴過）他／她／他們，我假設他／她／他們知道……
- 我告訴過（沒告訴過）他／她／他們我期望的是……

四、注意你的溝通／辨識你的障礙

這個訓練有助於你了解自己傳達本身期望的清楚程度。

以一到十級為程度，他／她的行為有多符合我的期望？（一是完全不符合，十是最為符合），圈出你的答案。

一　二　三　四　五　六　七　八　九　十

回答是或否。如果你無法回答是或否，有可能你還沒準備好要針對以下問題，來傳達你的期望：

- 如果不符合我的期望，我是否等著他／她去改變？
- 我是否等著對方跟我談論對我們關係至關重要的議題？
- 我是否想要自己提出來，卻因為恐懼或厭惡攤牌，而感覺像是困住了？
- 我已經等了多久？為什麼？對於傳達我的期望，我持有怎樣的恐懼？

五、信念、期望和行爲的交叉面向

填好以下的表格（請見九十八頁），寫下你運用在考慮中狀況的信念和期望。同時要包括對自己行為的描述，這樣才能了解它有多麼符合（或不符合）你的信念和期望。此外，也要寫下夥伴（或是家族成員、朋友、同事、老闆）的行為，看看是否符合你的信念和期望。

六、沉默契約格線圖

以下的格線圖（請見二四三頁），讓人一窺不同選擇會有怎樣的可能結果，並且運用它來協助你決定要怎麼處理你所發現的沉默契約。思考一個既存的沉默契約，再考慮處理選項的可能結果。

關鍵的沉默契約格線圖問題

- 可有任何行動能夠實際改變或改善你的狀況？
- 你能接受它的影響和結果嗎？
- 你對結果是否會感到滿意？

致謝

身為作者、教育家、治療師和諮詢師，我們見過無數個人、夫妻、家人在其個人和工作生活尋求更多的實現成就。

這本書給了我們機會去夢想，並且展現其他人的希望和志向，得以在家裡、工作和閒玩之中做出更有意義的選擇，以擁有更為實現自我的關係。

特別要感謝所有直接參與本書的人士：

● 謝謝製作本書的和諧／羅岱爾出版社（Harmony/Rodale）；以及我們的編輯米雪兒・安尼柯立克（Michele Eniclerico），謝謝她的專業能力和時間讓《沉默契約》問世。

● 我們的經紀人同時也是機緣作家經紀公司（Serendipity Literary Agency）負責人的蕾吉娜・布魯克斯（Regina Brooks），謝謝她在我們訂立和協議合約時，給予充分耐心、方向和專業知識，並且找到關鍵合作商，協助我們的提案成形。蕾吉娜，感謝你的指點，推動我們克服一切完成這本書。你是我們最棒的經紀人！

●喬蒂・弗德（Jodi Fodor），謝謝她發揮耐心，擔任我們的策劃編輯。你是一個非常棒的團隊成員，感謝你協助我們找到平易近人的說法來傳達給讀者。你真的很優秀，讓人合作愉快。同時也要感謝珍・史戴賀利（Jean Staeheli）、維吉妮雅・拉普蘭特（Virginia La Plante）、安妮塔・狄格斯（Anita Diggs）、瓊恩・萊斯特（Joan Lester）、黛安・派屈克（Diane Patrick）和露絲・米爾斯（Ruth Mills）各位給予我們高超編輯支援。

●安・高斯（Anna Ghosh）、艾蓮・布朗（Elaine Brown）和赫拉・馬拉諾（Hara Marano），感謝他們在早期階段提供熱忱的明察和洞見。

●我們的良師和寫作教練蘇山・瓊斯・強森先生（Susan Jones Johnson）和雪若・希拉德・塔克（Sheryl Hilliard Tucker），謝謝他們無價的建議和指引，才有了這份條理分明的流暢文稿；還有瑪莉・布朗（Marie Brown）提供了令人深深感謝的支持，讓我們得以在過程中勇於表達想法。

●勞爾・戴維斯（Raoul Davis）、瑪瑞利・肯恩（Merilee Kern）和保羅・莫雷諾（Paul Moreno）各位協助我們架立平台、裝置，提供視訊語音訊息，合成我們的品牌，感謝你們傑出的公關和行銷推廣。

● 艾利斯・艾契維利亞（Ellis Echevarria）的設計支援。

● 潔奎莉・凱比（Jocquelle Caiby）協助闡明和我們的提案，讓它成形。

聯繫作者可到www.SilentAgreements.com。

國家圖書館出版品預行編目資料

沉默契約：解開那些埋藏在我們人際關係中的「無聲地雷」！/ 琳達 D. 安德森博士、索妮雅 R. 班克斯博士、蜜雪兒 L. 歐文斯博士 著；陳芙陽 譯 .
-- 初版. -- 臺北市：平安文化, 2020.4
面； 公分. -- (平安叢書；第651種)(Upward；109)
譯自：Silent Agreements

ISBN 978-957-9314-52-7 (平裝)

177.3　　　　109001733

平安叢書第651種
UPWARD 109

沉默契約

解開那些埋藏在我們人際關係中的「無聲地雷」！

Silent Agreements

作　　者—琳達 D. 安德森博士、索妮雅 R. 班克斯博士、蜜雪兒 L. 歐文斯博士
譯　　者—陳芙陽
發 行 人—平　雲
出版發行—平安文化有限公司
台北市敦化北路120巷50號
電話◎02-27168888
郵撥帳號◎18420815號
皇冠出版社(香港)有限公司
香港上環文咸東街50號寶恒商業中心
23樓2301-3室
電話◎2529-1778　傳真◎2527-0904
總 編 輯—龔橞甄
責任編輯—平　靜
美術設計—嚴昱琳
著作完成日期—2018年
初版一刷日期—2020年04月

法律顧問—王惠光律師

如有破損或裝訂錯誤，請寄回本社更換
讀者服務傳真專線◎02-27150507
電腦編號◎425109
ISBN◎978-957-9314-52-7
Printed in Taiwan
本書定價◎新台幣350元/港幣117元